华夏智库·新管理丛书

快速打造团队的 126 条定律

高子深◎著

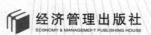

经济管理出版社
ECONOMY & MANAGEMENT PUBLISHING HOUSE

图书在版编目（CIP）数据

快速打造团队的 126 条定律/高子深著.—北京：经济管理出版社，2016.6
ISBN 978 - 7 - 5096 - 4437 - 9

Ⅰ.①快… Ⅱ.①高… Ⅲ.①企业管理—组织管理学 Ⅳ.①F272.9

中国版本图书馆 CIP 数据核字（2016）第 123893 号

组稿编辑：张　艳
责任编辑：张　艳　许　艳
责任印制：黄章平
责任校对：王　淼

出版发行：经济管理出版社
　　　　　（北京市海淀区北蜂窝 8 号中雅大厦 A 座 11 层　100038）
网　　址：www. E - mp. com. cn
电　　话：（010）51915602
印　　刷：北京晨旭印刷厂
经　　销：新华书店
开　　本：720mm×1000mm/16
印　　张：17
字　　数：266 千字
版　　次：2016 年 7 月第 1 版　2016 年 7 月第 1 次印刷
书　　号：ISBN 978 - 7 - 5096 - 4437 - 9
定　　价：49.00 元

前　言

在做培训讲师的 15 年里，我不断地思索着人生的价值和意义。一直以来，我都觉得能够帮助更多的企业打造团队，帮助员工提升自己在企业的价值，让团队在身、心、灵和思想格局等方面得到全方位的成长是我的人生使命。

如果你正在领导一支团队，或者很想提升自己，那么此书很适合你。我不建议你一口气把这本书读完，最佳的使用方法是和团队一起学习、一起分享，每天只需要学习 3 条，每个人边学习边检讨和反省自己在工作与生活中做得不足的地方。

工作只是生活的一部分，大概两个月的时间，你就可以和团队一起把这本书的内容学完。这是团队建设的地基，就像盖高楼要先用一定的时间打地基一样。然后，每天早会一起背诵 126 条定律。

如果你能带领团队做到这些，实践 126 天后，奇迹就会发生——你和你的团队就会充满了无穷的团队凝聚力和执行力，业绩也会提升 20% ~60%。

这本书的出版和发行，我要感谢我的父母，感谢我的老师，感谢我的客户，也要感谢我的爱人。大家多年来对我的信任、鼓励和支持，让我的生命变得更有价值！

目　录

1. 感谢父母给我生命，感谢公司给我平台，感谢客户养活我全家，感谢同事助我成长

感恩是一种正能量，只有懂得感恩的人才会成功。每天打开公司的门，和所有的同事站立整齐，把右手伸向右上方，之后再把右手的掌心放于胸口，让自己的能量与宇宙相连。然后，大家一起重复喊出："感谢父母给我生命，感谢公司给我平台，感谢客户养活我全家，感谢同事助我成长。"

感谢父母给我生命！

在做培训师期间，有时会听到一些年轻人说："为什么我的父母不是有钱人？为什么我的父母不是当大官的？"其实，我们每个人都要感恩父母。父母给了我们生命，这本身就是巨大的财富。如果你有健康的身体、健全的四肢，你更要感恩父母，因为这些已经足够了。

笔者的父母和所有人的父母一样，非常平凡，却也非常伟大，他们把所有的爱都给了我们三个孩子。因为父母都是工人，小时候家里的经济条件并不富裕，然而父母却教给了我们做人最基本的道理——要勤劳、诚信，不能占别人的小便宜，要争气。到现在，笔者还记得母亲从早到晚从不停忙碌的身影。

笔者 8 岁的时候，母亲因工作头部受伤，造成脑震荡后遗症，需要长时间治疗和调养。从那时开始，笔者就学会了自己洗衣服、做饭、洗碗，并且帮助爸爸妈妈做生意和干家务活。每逢寒假和暑假，笔者都会去做些小生意赚学费，卖青菜和水果、在路边烤玉米和毛蛋、捡废铁……由于寒假和暑假都是笔者的老家黑龙江省最冷或者最热的季节，我的脸不是被冻得通红，就是被晒得像黑土豆一样，每年开学的时候，总会引来一些"纨绔子弟"的嘲讽。但是，能自己赚学费上学，笔者心里是很高兴的。如今想来，真的要感谢父母对我的教育，感谢我从小成长的环境，正是父母的坚强与勤劳才培养了笔者自立和自强的性格。

斗转星移，当年的苦孩子大学毕业步入工作岗位了，你要结婚，要买房子、买车、买家用电器。你有了自己的妻子、丈夫、孩子……在你去挣这些钱的过程中，突然有一天，你发现这些钱再也无法花出去了，你的父母已经不需要了，他们或许已经不能再吃海鲜、已经不能再去旅游、已经不能再坐起来看电视，甚至他们已经走了，永远地离你而去。

有一种痛永远无法弥补，有一种伤口永远无法愈合。人生三大乐事之一就是：父母兄弟健在。可是，树欲静而风不止，子欲养而亲不待！钱是没有挣够的时候，人的生命却有尽头，有些事情不要再给自己找等候的理由了，应该及时行孝！

一个孩子，事业上遇到瓶颈，没有办法突破。有一个潜在的原因就是，他与父亲之间心灵层面的沟通不够好；一个孩子，婚姻情感上遇到问题，人际关系遇到瓶颈，有一个潜的原因就是，他和母亲之间心灵层面的沟通不够好。所以，一定要孝顺父母、赡养父母，并且要加强与父母的沟通。不能把父母送进养老院，更不能不赡养父母。

在这个世界上，卓有成就之人都是大孝之人。在我的家族中，也有两位表哥是优秀的企业家，他们都非常孝顺父母。

何为感恩父母、孝顺父母呢？

第一，不逆父母而行之，不逆父母而言之。

第二，孩子是一棵树，要想长高、长壮，必须要滋养树根。每个月主动给父母钱，就是在滋养树根。

第三，每周都要给父母打一通电话，倾听父母的唠叨。

第四，保持心灵层面的交流与沟通。孩子和母亲之间心灵层面沟通的好坏，决定了孩子的人际关系和婚姻情感的好坏；孩子和父亲之间心灵层面沟通的好坏，决定了孩子的事业成功与否。

感谢公司给我平台！

大河有水小河满，大河没水小河干！很多员工看到老板赚钱心中不平衡，整天找公司的不足，工作没有敬业精神，不懂得感恩公司、感恩老板；很多人抱着打工的心态，每天都在应付工作，认为自己是在给张老板、李老板、王老板打工。实际上，给你发工资的人并不是老板而是客户。要感谢老板为我们搭建了公司这个平台，让每个人发挥了自己的能力。

有一位连锁企业的老板在酒桌上讲出了自己的心里话，他说："当老板真的很累，下辈子再也不当老板了，这辈子还得接着干，不是为我自己。说实在的，我今天赚的钱早就够我自己花了，但是我必须为跟着我的这些兄弟们着想。必须给他们提供事业的平台和舞台，让兄弟们跟着我过上好日子。"

离开了公司这个大平台，即使你的能力再强，也是无法获得成功的。工作中，我们都会犯各种各样的错误，而老板仍然给你机会，给你发展的平台和空间，这一切你是否感恩过呢。

感谢客户养活我全家！

既然给我们发工资的人不是老板而是客户，那么任何一个员工都必须服务好我们的客户。首先，要纠正一种思想。很多人经常说，我"搞定"了一位客户，做成了多少钱的生意。那我要问了，你是否愿意被其他公司的业务员"搞定"呢？答案肯定是"不愿意"！己所不欲，勿施于人！客户不是用来"搞定"的，是用来感动的！

经销商打来电话要订货，公司服务人员说："今天休息，你明天再打来吧！"因为这名员工的态度冷漠，客户再也没有打来电话。

从我个人来讲，我真的非常感激这么多年来找我做培训的客户和客户公司听我课程的员工，以及正在读这本书的读者。我要发自内心地感激你们，如果没有你们的支持与厚爱，又何来我的今天？

感谢同事助我成长！

企业团队是由各类不同的人组成的，每个人的成长背景不同，自然性格也就不同，人际交往的模式也不同。与他们沟通是每个人都要学习的部分，很多人总是看某位同事不顺眼、不习惯。根据镜面反射原理，其实你看不惯别人的地方，你自己也恰是如此。

曾经，有位学员问我："高老师，我们公司的××，我看他就是不顺眼，他自私又自以为是。"我说："你不觉得，你也是如此吗？否则你看不到别人是这样的。"

要知道，身边的同事是来帮助你、磨炼你的。跟形形色色的人打交道，团结一致、共同合作，达成企业团队的奋斗目标，本来就是我们奋斗的方向。

为什么不去感激他与我们的不同呢？为什么不允许别人与我们有差异呢？不要戴着有色的眼镜看别人，更不要一厢情愿地期望别人都与自己一样！

> **记住：**
>
> 　子欲养而亲不待！有些事情不要再给自己找等候的理由了，应该及时行孝！
>
> 　走进一家企业，成为企业的一员，应有感恩老板、感恩企业的心态！
>
> 　给我们发工资的人并不是老板，而是客户。
>
> 　同事之间不应该勾心斗角，而应相互激励，感激同事的性格与你性格的不同。

2. 心量决定命运

心量指的是：一个人心中能装多少东西，这个人心里的爱就有多大。

一个人的心量越大，成就也就越大；如果心量的等级最低，就会连自己都不爱，都不在乎，乃至连自己的生命都觉得无所谓，甚至会伤害自己。

有个青年，三年没有回家，也没给父母打过电话。他的理由是，要等他成功了再回去。看似很有志气，其实，他的心量等级不够高！心量等级高一些的人，心中就能装有小家庭，装有他的同事，能够愿意为他人付出；心量等级再高一些的人，就懂得为整个部门考虑；心量等级再高一些的人，心中真正装有公司，为公司利益着想，然而这样的员工在企业里已经不多了，如果确实有，他的未来也会不同；心量等级再高一些的人，心中就能够装有家族，能帮助家族成功……

哲人说："你的心态就是你真正的主人。"

伟人说："要么你去驾驭生命，要么生命驾驭你。你的心态决定谁是坐骑，谁是骑师。"

艺术家说："你不能延长生命的长度，但你可以扩展它的宽度；你不能改变天气，但你可以左右自己的心情；你不可以控制环境，但你可以调整自己的心态。"

佛说："物随心转，境由心造，烦恼皆由心生。"

60 多年前，福建漳州某贫穷山村，有兄弟俩不甘于穷困的生活，决定各自到海外去谋发展。大哥好像幸运些，被奴隶般地卖到了富庶的旧金山，弟弟则被卖到了比中国更穷困的菲律宾。

60 多年后，兄弟俩又幸运地聚在了一起。他们已今非昔比，哥哥当了旧金山的侨领，拥有两家餐馆、两家洗衣店和一家杂货铺，子孙满堂。

弟弟呢？居然成了一位享誉世界的银行家，拥有东南亚相当分量的山林、橡胶园和银行。经过几十年的打拼，他们都成功了。但为什么兄弟两人在事业上的成就，却有如此大的差别呢？

兄弟相聚，不免谈些分别以后的遭遇。哥哥说，华人到了白人的世界，没有什么特别的才干，唯有用一双手煮饭给白人吃，为他们洗衣服。白人不肯做的工作，我们华人统统顶上了，生活是没有问题的，但事业却不敢奢望。例如，我的子孙，书虽然读得不少，但也不敢妄想，唯有安安分分地去担任一些技术性工作。至于进入上层社会，相信很难办到。

看见弟弟这般成功，哥哥不免有些羡慕。弟弟却说，幸运是没有的，初去菲律宾的时候，我也做一些低贱的工作，但我发现，有些当地人比较愚蠢和懒惰，于是便顶下他们放弃的事业，慢慢地不断收购和扩张，生意便逐渐做大了。

可见，影响我们人生的绝不仅仅是环境，心态控制了个人的思想和行动，也决定了自己的视野、事业和成就。

一个人能否成功，关键在于他的态度！成功者与失败者的差别在于：成功人士始终用最积极的思考、最乐观的精神和最辉煌的经验支配和控制自己的人生。失败者则刚好相反，他们的人生是受过去的种种失败与疑虑所引导支配的。

如果想改变命运，首先就要提高你的心量！请看下表：

次第心量级别	境界领袖能级创造利润
第九级/世界级别	心中装有万物众生　整合能级200亿元以上
第八级/社会级别	心中装有全世界/人类品牌　能级20亿~200亿元
第七级/生命级别	心中装有国家/民族战略　能级2亿~20亿元
第六级/基业级别	心中装有城市/行业经营　能级2千万~2亿元
第五级/共生级别	心中装有公司/团体/家族经理　能级200万~2000万元
第四级/拓展级别	心中装有小部门/小家庭主管　能级20万~200万元
第三级/谋划级别	心中装有他人同事助理　能级2万~20万元
第二级/配合级别	心中装有自己　能级2000~20000万元
第一级/负责级别	不负责任不合格员工

中国人不善于把一个行业做大做强，而善于把一个行业做滥。这些问题

不能不引起我们的反思。老板的心量决定了一个企业的兴衰，个人的心量也决定着个人的成败。

不要说现在的境况是别人造成的。说到底，如何看待人生、把握人生由我们自己决定。那么心态是由什么决定的呢？心量决定心态！

记住：

决定一个企业兴衰成败的关键不是公司的实力、财力、硬件设施，而是老板的心量！

3. 为使命工作，而绝非金钱

马克思曾经说过，人生下来就是有使命的。从出生直到生命的结束，老天派你来成就一些事情，成就一些人，帮助一些人，这就是使命。可惜大多数人活了一辈子也不知道自己的使命到底是什么。

使命是一个人的灵魂，拥有使命感的人会把自己同一个伟大的事业联系在一起，并在工作中释放出自己全部的激情与潜能。工作是一种心灵契约，从你加入公司的第一天起，你就和企业签订了这个心灵契约。

南京一家台资企业的董事长对员工说："如果你进入我们公司并认同我们的使命和文化，愿意和我们一起奋斗，那么欢迎你留下来；相反，如果你不认可我们的使命和文化，请你离开！"可见，这家企业是多么重视员工的使命感。作为企业的员工，如果能够遵循工作的心灵契约，即便在平凡的岗位上也能做出不平凡的业绩。

军人的使命是保家卫国，教师的使命是教书育人……每个行业每个人都应该找到自己的使命。15 年前，刚进入培训行业的时候，我的老师陈安之告诉我："要为使命而工作，而绝非金钱。讲师的使命就是帮助学员，你想成为一名优秀的讲师，就去免费帮助企业讲 100 场，找到自己的使命感。"

当时的我很不理解，但是我仍然听话照做，发自内心地讲。结果，回来以后，我才真正明白，使命感与金钱没有关系，那是一个人的职业态度、职业素养，是一份真诚的心；更是工作的价值与意义。并且，当你为钱工作的时候，你追钱就很累；当你为使命工作的时候，钱追你就很容易。

> **记住：**
> 使命感与金钱没有关系，是一个人的职业态度、职业素养，是一份真诚的心；更是工作的价值与意义！

4. 人因梦想而伟大，因学习而改变，因行动而成功

李嘉诚说："经验是负债，学习是资产，过去曾经成功的经验，有可能是今天失败的原因。"很多人认为，自己的学历太低了，学了也没有用。其实，学历不等于学习能力，一个人后天的学习能力更重要。没有低水准的人，只有低水准的观念。

一个 5 岁的孩子坐在院子里望着天空出神，妈妈叫他吃饭，他没有听到。妈妈走到孩子面前耐心地问："亲爱的宝贝，你在看什么呀？"

孩子兴奋了，问妈妈："妈妈！你看天上的月亮多漂亮啊，我要到月亮上去。"妈妈回答说："好啊，你当然可以去，只是要记得回来吃饭哦！"孩子高兴极了。

之所以说这位妈妈伟大，是因为她的回答并没有限制孩子的思维。对 5 岁的孩子来说，妈妈的话是非常重要的，妈妈说可以到月亮上去，那就一定可以。从那以后，"到月亮上去"竟然成了孩子的梦想。这个孩子是谁呢？他就是后来第一个登上月球的人——阿姆斯特朗。

我问过很多人，你儿时的梦想是什么？有人回答说：医生、警察、老师、科学家、考清华……实现了没有呢？当然没有！所以，很多人再也不去梦想了。其实，我认为，对于一个成年人来说，确实应该思考一下我们的梦想到底是什么。

关于梦想，我有这样一个定义，它指的是深藏在人们内心深处的、最深切的渴望。梦想不是梦幻，它可以转化成长期目标、中期目标和短期目标；梦想是可以达成的，可以实现的。

大脑分为左脑和右脑，左脑是知识司令，它的职责是以分析思维为主进行智力开发，左脑又可称为数学家的脑。右脑是创造司令，它的职责是以想象、直觉思维和扩散思维为主进行智力开发，右脑又可称为艺术家的脑。

左侧是回忆（左脑），右侧是创造（右脑）。所以要使你的梦想清晰，制定你的目标。并且，一定要制作"梦想版"，将其贴在你办公桌的右上方。

现在，就来列一下你的梦想清单吧。

梦想清单

在我离开世界前要完成的事：

30 岁

_____

40 岁

_____

50 岁

_____

60 岁

_____

70 岁

_____

80 岁

_____

我有一个梦想：

把上面的梦想生动地描绘出来，如果实现了，会怎么样？

人因梦想而伟大，因学习而改变，因行动而成功。光有梦想是不够的，还要通过学习来改变自己。学习有多重要呢？

美国的伯恩崔西说："一个人要成功，要成为行业的专家，需要五年。"然而，中国有句老话：十年磨一剑。那么，在职场上该如何学习呢？

我认为，行之有效的学习有五种方法：第一就是读书，想在哪个领域有所成就，就去钻研哪个领域的书。第二，看光碟！"知识爆炸"的年代，各种讲座不胜枚举，要精心挑选。第三，你的同事、上级经理、老总、客户等身上的优点，都值得你学习。第四，听现场专家老师的讲座。第五，讲解知识给别人，教学相长，对你自己帮助最大。

> **记住：**
>
> 　学习如春园之草，不见其长，日益有增；厌学如磨刀之石，不见其损，日益有减！

5. 伟人之所以伟大是因为帮助他人走向伟大

伟人并不一定非要是改变国家和民族命运的人，也可以是工作和生活中能够改变他人命运，迫使他人进步和成长的人。很多人都很想当领导，其实如果能够影响他人的思维和行为，你自然就会受到他人的尊敬，自然也就能够成为领导。

如果员工或者同事跟你一起工作两年，他要离职了，你一定要请他吃一顿饭，在饭桌上你要问问他，和你共事两年的时间里，他是否有成长和收获？如果没有，你们就可以抱头痛哭了。管理者的使命就是帮助员工成长和进步。那么如何做到呢？

可以使用教练式的人才培养方式，分为四步：第一步，我做一次，你看一次，我总结一次；第二步，你做一次，我看一次，你总结一次；第三步，我再做一次，你再看一次，你再总结一次；第四步，你做，我看，你总结。

案例 1：

十一黄金周快到了，服装店的促销策略必须提前制定出来，店员找到店长问："店长，咱们十一的促销怎么做呀？"

这时候，很多主管都会把答案直接告诉店员："我们的企业是做品牌的，当然不能和竞争对手一样打折促销，但是又必须借此机会清理库存，我看八折买二送一比较好。你们去执行吧！"其实，要想启发员工思维，迫使员工进步，只需要问他三个字："你说呢？"

员工说："店长，竞争对手都是三折五折了，不然我们也五折或者三折吧。"

店长一听，火了："猪脑袋呀！只知道打折。"

千万别这样否定员工。你不妨说："这样对品牌的伤害很大，还有什么好方法吗？"直到他说出了你心中的答案："八折买二送一怎么样？店长！"此时，店长应该说："太棒了，你现在的促销能力提升了，就按照你的想法去做吧！”

案例 2：

总经理说："小王，对于今年的策划，你有什么好的方案吗？"

王经理说："您前几天已经看过我做的方案了，方案不太合适，所以我想请教您该怎么做？"

总经理说："我认为你们可以拿出优秀的方案来，你们再想想，或者'头脑风暴'后再告诉我吧！"

王经理说："我们想了很多方法，最后选择了 5 个，您认为哪个合适？"

总经理说："你认为呢？这些方案你们更了解。"

王经理说："A 方案排第一位。"

总经理说："如果出现……情况，按照这套方案，你觉得会出现什么问题？"

王经理完善了方案，并得到了总经理的认可。

记住：

1. 学会发问：你说呢？2. 不给答案；3. 不下定论；4. 功劳归下属。

6. 以心换心，赢得人心

三流的管理者管"手"，二流的管理者管"脑"，一流的管理者领导人"心"！情与情能够相容，心与心也能相通。企业要想获得长远的发展，就要重视员工的人心所向、消费者的人心所向。

如何做到管心呢？其实，就是以心换心。

孟子说："得道者多助，失道者寡助。"得道的过程就是经营人心的过程，因此得道者得人心。得道之人拥有的是无形资产，即使在最失意的时候，这种人心齐聚的优势也会帮助其化险为夷，渡过难关；而失去道义的人，得到的帮助就很少，甚至连亲戚也会叛离。

"天时不如地利，地利不如人和。"这里的"人和"就是人心所向，"人和"是最重要的、起决定作用的因素。失天下者必先失民心，得天下者必先得人心，万古不过如此！

1945 年，毛泽东在《论联合政府》中，对解放军的建军宗旨做了系统的概括，他说："紧紧和中国人民站在一起，全心全意为人民服务，就是这个军队的唯一宗旨。"

正是在这一宗旨的指引下，红军在长征途中，军纪严明，秋毫无犯，深受广大人民群众的欢迎。即使处于艰难困苦的境地，战士们不得已到地里掰玉米吃，每掰一个，都要在玉米枝丫上挂一枚铜板，所以得到了人民最真心的拥护和支持。

他们每到一处，都有群众烧茶送饭，筹钱筹粮，不少人争着当向导，大批青年踊跃参军。许多伤员不能继续前进，都留在老乡家中疗养。

相反，分析国民党失败的原因，也正是在于失去了民心。

有人说，不谋万世者，不足谋一时；不谋全局者，不足谋一域。而众多企业的成功经验告诉我们：不谋人心者，不足谋事业！情与情能够相容，心与心也能相通。企业要想获得长远的发展，就要重视员工的人心所向、消费者的人心所向。

牛根生说："感情的培养和投入是非常必要的，我们非常善意地对待我们周围的人，包括我们企业的人，包括社会的人，只要有投入，肯定有产出，种瓜得瓜，种豆得豆。"蒙牛对员工捧出的是一颗真挚、诚恳、舐犊般的爱心，换来的是员工孺子牛一样的忠诚与敬业之心。

蒙牛为了赢得客户的青睐，提出了"产品就是人品"的口号，一切从改变自己开始做起，对自己严格要求，从技术、设备到流程控制、奶源维护，再到质量检验，每个环节都严格把关，保证客户饮用的安全与健康。用精诚之心敲开了客户的心门，树立起了良好的口碑。

> **记住：**
> 　　要用"三心换一心"：解决周围人的疾苦要热心；批评错误要诚心，而不是用怒气；做思想工作要知心，而不是指责。用这"三心"换来的就是员工对企业的铁心！

7. 收入不够高，是因为创造的价值还不够大

人到底为什么活着？人活一世都是带着使命的。百强企业家的动力之源，正是对自己人生使命的觉醒。一旦企业家的追求到了提升人类福利的这个层次，他的心灵就会变得足够强大，就可以成为创造一切的根源！所以说，活着就要创造价值。

作为上班族，没有人能回避薪水的问题。走进企业，就要清楚一件事情：在公司，个人的收入是由自身的价值来决定的，个人的薪资标准应该建立在个人能够创造的价值的基础之上。

一位资深财务经理对一个正在抱怨的出纳说："别抱怨自己的工资了，还是做好手头的事情，如果你能够具备做财务总监的能力，我会告诉老板，只要你是一块金子，就一定可以发光的。"

当今社会，有99%的人都是从一名普通员工做起。作为公司的一员，如果想获得快速发展，就要抛开所有的借口，积极地投入自己的工作中，尽职尽责，处处为公司着想。如果能够做到这一点，任何一家公司都会欢迎我们，并为我们提供最好的发展平台。

某电信公司的王某，年薪50万，而他的一位同学年薪是5万。那位同学不服气，就半开玩笑半认真地说："你真的比我强9倍吗？"王某笑着说："别的地方不敢说，但是在创造经济效益上，我给公司带来的利益绝对比你多9倍不止。举例来说，我刚签订了一份国外的单子，能提成4~5万元，为公司创收450万元，我每年可以为公司创收几千万元的收益，公司能不给我高薪吗？"听完，那位同学不作声了。

人到底为什么活着？答案就是创造价值，创造更大的价值。选择自杀的人，很多时候就是因为一种不被需要，也不需要任何人的感觉，而走上了绝路。如果能够创造更大的价值，完全可以改变自己的命运、家族的命运、行业发展的命运，甚至是民族的命运。

1959 年，稻盛和夫与 7 个弟兄歃血为盟："吾等定此血盟，不为私利私欲，但求团结一致，为社会，为世人成就事业，特此聚合诸位同志，血印为誓。"稻盛和夫把"敬天爱人"作为社训。1971 年，京瓷公司在大阪京都交易所成功上市。

人，到底为什么活着？答案就是，不断地创造价值，然后再创造更大的价值。在这个过程中，你人生的终极目标就会呈现出来了，那就是"磨砺心志，净化心灵"！

> **记住：**
> 这个世界由心指引，由心牵动，由心支配；心静之人得安乐，愈加努力，日夜修心。

8. 核心价值观决定事业成败

确实是钱的问题造成公司股东的分裂吗？经营公司就是经营人心，经营企业就是经营愿景、使命和核心价值观。生意好做，伙伴难找。我们要找事业伙伴，实际上是要找价值观相同的人来一起奋斗事业。

一个企业有九个股东，他们有九个想法，根本不统一，大老板想把企业做大做强，想上市，想在中国成立 20 所希望小学。二老板认为大老板"有病"，他认同做大做强，但是认为没有必要成为慈善家。三老板希望赶紧多分点钱给股东，不用做大做强。四老板则认为，能把老爸老妈接来深圳，能买房买车就知足常乐了……其实，九个股东的九种想法就是九种不同的价值观，所以，股份是不能随便给的！

请在以下 3 个人中选择一位来造福全世界：

A. 笃信巫医和占卜家，"有两个情妇"，有多年吸烟史，嗜好马提尼酒。

B. 曾经两次被赶出办公室，每天睡到中午才肯起床，读大学时曾经吸食鸦片，每晚要喝一公斤白兰地。

C. 曾经是国家战斗英雄，保持着良好的膳食习惯，从不吸烟，只偶尔来点啤酒。

答案：

A. 富兰克林·罗斯福；B. 温斯顿·丘吉尔；C. 阿道夫·希特勒。

你是按照什么来选择的？就是价值观，它是人们衡量事物价值标准的基本看法的排序总和。简单地说，价值观就是你的一个过滤器。它决定了什么对你最重要，什么对你不重要。

现在，对某人说"你吃下一只苍蝇，给你 100 元钱"。他可能不会吃，但如果是绑匪对他说："你吃下一只苍蝇，否则杀了你的孩子。"他肯定会吃，别说是一只，再多一些也会吃。这就是价值观在起作用。

员工上班迟到，是行为出问题了吗？其实，是价值观出了问题，他的问题在于，认为多睡 10 分钟比上班更重要！

价值观是怎样形成的？大部分人的价值观都是在人的早年形成的，10～15 岁时，你的价值体系逐步形成。大学 4 年之后，这个价值体系相对稳定。价值观的形成会受到父母、同伴、宗教、技术、媒体、教育六大因素的影响。

观念是可以被植入的，观念是可以被替代的！长虹的核心价值观：崇尚祖国与公司同在、事业与家庭同在、个人与集体同在、竞争与团结同在、务实与创新同在、批评与自我批评同在。

海尔的核心价值观：着眼于创新，注重品质，尊重个人，一切以客户为中心。

红塔集团的核心价值观：人的价值高于物的价值；共同价值高于个人价值；消费者所看重的价值高于企业的利润价值。

华为技术有限公司的核心价值观：以客户的价值观为导向，以客户满意度为评价标准。

企业的所有员工要有统一的价值观！罗克奇的 18 个核心价值观体系分为"终极价值观"和"工具价值观"两类。"终极价值观"就是一生中，你的终极目标是什么，你要达到一种什么境界；"工具价值观"就是你实现终极价值观的过程中，采用什么样的方法达到你的目的。

○终极价值观。

舒适富裕，振奋刺激，成就感，贡献，世界的和平，美丽的世界，平等的友情，家庭安全，自由独立，幸福满足，内在和谐，成熟的爱，国家的安全，快乐闲暇，救世永恒，自尊自重，社会承认，真诚的友谊，睿智成熟。

○工具价值观。

雄心勃勃，心胸开放，高效能干，欢乐愉快，干净整洁，勇敢坚定，宽容谅解，助人为乐，正直诚实，富于想象，独立自给，智慧知识，符合逻辑，博爱温顺，顺从责任，礼貌气质，负责可靠，自我控制。

记住：

是核心价值观让员工知道为什么工作。好的企业愿景、使命和核心价值观，只有在员工心中不断修炼、强化，才能成为群体一致的价值观。

9. 明天永远都不会来，来的时候已经是今天

管理的目的是以终为始，中国人的思维是今天决定明天，然而西方人的思维是明天决定今天。今天我们之所以迷茫是因为不知道明天去哪里，当我们预设了明天以后才会更加努力地珍惜今天，因为明天永远都不会来，来的时候已经是今天。

一个人的失败是因为自我设限，自己认为自己不可以，认为"我做不到"。

老板发现一个员工在工作中表现得很努力，业绩也不错，就想提拔他做主管。可是，这名员工却吓到了，他说："我不行，我不懂管理，那些人怎么可能会听我的，我做不了主管。"

后来，他参加了笔者在深圳举办的《精英团队训练营》，发现自己是自我设限。万一自己行呢？没有上任，没有去做，就认为自己不行，不是把自己的潜能埋没了吗？后来，他又主动和老板说："我想试试，尝试下做主管。"如今，在老板、老师和同事的帮助下，他已经成功地做了两年的主管了，并且团队业绩非常可观。

在每个人成长的过程中，特别是幼年时代，都会遭受外界（包括家庭）太多的批评、打击和挫折，于是奋发向上的热情、欲望会被"自我设限"压制封锁，没有得到及时的疏导与激励，既对失败惶恐不安，又对失败习以为常，丧失了信心和勇气，渐渐养成了懦弱、犹疑、狭隘、自卑、孤僻、害怕承担责任、不思进取、不敢拼搏的精神面貌。这样的性格，在生活中最明显的表现就是随波逐流。

如果你很想成功，那么首先就要问问自己，你最大的优势是什么？最擅长的是什么？或者说，你最感兴趣的专业领域是什么？找到自己成功的欲望，了解自己想成为什么样的人，销售冠军？人力资源专家？某个领域的技术专家？企业家……你的自我期许决定了你人生的大方向！它会引导你成长并发

展人格特质，是你心中偶像的个性与特质的综合体。

其次就是自我心像。如果你已经是你想成为的那种人了，每天的行为表现会是怎样的呢？你的感觉会是怎样的？问自己这些问题，然后依照答案来生活。

最后要每天都进行自我肯定，这是"力量的源泉"，也就是你喜欢自己的程度。你越接受自己、尊重自己、喜欢自己，认为自己是个很有价值的人，你的自我肯定就越高。

维持高度的自我肯定是你每天要磨炼自己并向目标勇敢迈进的重要工作之一。

记住：
你想成为什么样的人，其实你已经是这样的人了，带着这种成功的感觉去做，行动行动再行动，最终就可以拥有你想要的人生！

10. 一个人懒惰是因为缺乏明确的目标

没有方向的船永远到达不了彼岸，一个人懒惰是因为缺乏明确的目标，不了解目标的威力。所以世界上没有懒惰的人，只有没有目标的人。

如今，在我们身边，随处可见慵懒、迷茫的人，他们浪费时间，虚度光阴，耗费青春；他们对周围充满了抱怨，对自己极度不满；他们很想天上掉馅饼，做事情三分钟热情，然后就放弃了……每当新年的钟声敲响的时候，他们总是在感叹自己的碌碌无为。如果一生都如此，他们的人生只能用一部电影来形容，那就是《我就这样过了一生》。但我要说的是："可以平凡，但不可以平庸。"

《世界上最伟大的推销员》是我最喜欢读的书之一，其中羊皮卷的第八卷中说道：

"我要加倍重视自己的价值。桑叶在天才的手中变成了丝绸；黏土在天才的手中变成了堡垒；柏树在天才的手中变成了殿堂；羊毛在天才的手中变成了袈裟。如果桑叶、黏土、柏树、羊毛经过人的创造，可以成百上千倍地提高自身的价值，那么我为什么不能使自己身价百倍呢？今天我要加倍重视自己的价值。一颗麦粒增加数倍以后，可以变成千株麦苗，再把这些麦苗增加数倍，如此增加数十次，它们可以供养世上所有的城市。难道我不如一颗麦粒吗？"

哈佛大学用了25年的时间来长期跟踪调查一群智力、学历、环境等条件都差不多的年轻人，调查结果发现：这个世界上，没有目标的人占27%；60%的人只有模糊的目标；10%的人有清晰的短期目标；3%的人有清晰的长期目标。

跟踪结果表明，有清晰的长期目标的那3%的人，几乎不曾改变过自己的人生目标，都朝着自己的目标不懈努力。25年后，他们都成了最有成就的成功者，其中不乏一些白手起家的创业者、行业领袖和社会精英。

　　有清晰的短期目标的那 10% 的人，大多生活在社会的中上层。他们的共同点是，短期目标不断被达成，生活状态稳步上升，成为各行各业不可或缺的专业人士，如高级的职业经理人、工程师、医生、律师等。

　　那些占 60% 的有模糊目标的人，几乎都生活在社会的中下层，随波逐流，他们能够安稳地生活与工作，但没有什么成绩。

　　那些占 27% 的没有目标的人，几乎都生活在社会的最底层，过得很不如意，常常失业，并且常常抱怨他人、抱怨社会、抱怨世界。

　　目标对人生有着极大的导向作用。成功，在一开始仅仅是我们的一个选择。选择什么样的目标，就会有什么样的成就，有什么样的人生！

　　爱默生说："一心想着目标的人，整个世界都给他让路。"请写一写你人生的六大目标：

　　（1）健康目标。

　　（2）金钱目标。

　　（3）和谐家庭目标。

　　（4）人际关系目标。

　　（5）事业成就目标。

　　（6）个人成长目标。

> **记住：**
>
> 　　如果能让自己创造更大的价值，为什么不去创造呢！

11. 大目标是小目标的结果，小目标是大目标的条件

制定目标应该成为一种生活方式，当你养成制定目标、实现目标的习惯，并且掌握制定目标及计划的技术后，你就判若两人了。从成就平平到获得不可思议的人生。

关于目标的秘密：

第一，目标设定的 SMART 原则。

S—SPECIFIC 明确具体的；

M—MEASURABLE 可衡量的；

A—ACTION–ORIENTED 具有挑战性的，即伸出手来够不到，只有全力以赴地跳起来才可以够到。

R— REALISTIC 切实可行的；

T— TIMED 有时间期限的。

第二，量化你的目标。

能够量化的都要量化、数字化，例如，电话销售人员每天打 100 个电话。

实在无法量化的目标要定性：无法量化的目标要定性，将目标具体化、清晰化、细节化、标准化。例如，规定电话接线员要等电话响三声后才能接，接电话第一句话必须是："您好，这里是某某公司，我能帮到您吗？"

什么样的目标是无效的目标？例如，找份工作；住上大房子；增强执行力；加强团队精神；提高业绩。

什么样的目标是有效的目标？例如，找份月收入 5000 元以上的工作；住上 100 平方米的大房子；通过每天拜访 3 家客户来执行工作；通过每个月 1 次的拓展活动（2 小时以上）和培训来增加公司的团队精神；本月业绩比上个月提高 10% 等。

第三，对目标进行分解。

可以使用太阳图对目标进行分解（如图 1 所示）。

太阳图 —— 目标管理工具

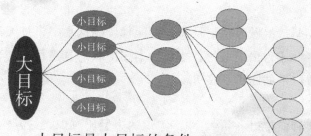

· 小目标是大目标的条件
· 大目标是小目标的结果

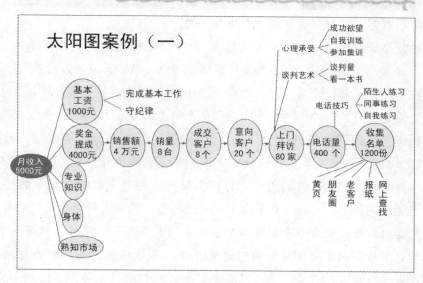

图1　太阳图

12. 记不住，铁定用不出来

一个人应当坚持的做事原则是每天背诵你读的这本书，每天都要重复再重复，如果能因此成为顶尖人物，才是这本书出版的真正目的与含义。因为这 126 条定律可以帮助你事业成功。

潜能开发大师们说过一句话："潜意识的力量比意识大三万倍！"如果想激发潜能，就要激发和改变我们的潜意识。很多人看了很多书，听了很多课，之所以没有很大的帮助，是因为他们的潜意识并没有改变。要想改变潜意识，就要了解所有的学习都是要经过不断重复的。

重复是学习之母！一般人要听过 16 次才会记得 95%，记住还不一定会用。很多人说，我也听过课，参加过培训。可是，请问你复习过几次？

在上海，笔者曾经采访过一位 80 多岁的孤寡老人，她是很早就加入中国共产党的老党员了。她讲述了入党的经历和一个真正的早期共产党员的思想形成过程。我们即使没有读过《毛主席语录》，但是也应该听说过，她说："入党的时候，要把《毛主席语录》背诵下来，还有党章和老三篇。背不下来都不能吃饭，当然，我们的语言和行为都是按照毛主席的教导做的。"在那位老党员的身上，笔者看到了真正的党员典范，看到了毛泽东思想的力量。

笔者的朋友时雨老师是个从事儿童教育的专业人士，她说让孩子学习国学，对孩子的影响非常深远。因为经常在全国各地出差，到各个企业演讲，笔者在家里的时间并不多。于是，笔者就抽时间在家用午餐，午饭后和儿子一起背诵《弟子规》。

坚持的力量是巨大的，只要笔者在家，每天都要孩子坚持背诵四句话。一年过去，我们居然成功背诵下来了。当孩子能够通篇背诵的时候，他特别有成就感。从那以后，孩子便对书产生了兴趣，也懂得了坚持的力量。更重要的是，孩子的行为模式也发生了改变，更加孝顺父母和爷爷奶奶了。

经过笔者和时雨老师的推荐，很多父母也和孩子一起背诵《弟子规》和

《论语》。有一位家长和我们分享了自己孩子的改变：妈妈生病了，孩子就把熬好的中药端到了妈妈床前，替妈妈尝药，并且守候在床边。妈妈问她为什么这么做，只有 4 岁的孩子居然回答说："亲有疾，药先尝，昼夜视，不离床。"这正是《弟子规》的内容之一，妈妈感动得直掉眼泪。

背诵真的有用。因为，记不住的东西铁定用不出来！企业的文化、愿景使命和核心价值观，以及理念也是需要背诵下来的。在 15 年的讲师生涯中，笔者把本书的思想带给了很多企业，当这些企业的员工能够把它们背诵下来的时候，他们的思想确实进步了，行为也转变了，业绩也提高了。

> **记住：**
>
> 影响潜意识的方法有三个：一是不断想象，改变自我内在的影像和图片；二是不断地自我确认，自我暗示；三是背诵你要坚定的信念或人生信条。

13. 成功是好习惯的集合

成功是因为习惯，失败也是因为习惯。穷人之所以贫穷，是因为他按穷人的方式思考问题，养成了穷人的习惯；富人之所以富裕，是因为他按富人的方式思考问题，养成了富人的习惯。好的习惯是开启成功的钥匙，坏的习惯是一扇向失败敞开的门！

人的行为总是一再重复，一个人一天的行为中大约只有 5% 是属于非习惯性的，而剩下的 95% 的行为都是习惯性的；同一行为重复 21 天就会形成习惯，重复 90 天就会形成稳定的习惯。因此，卓越不是单一的举动，而是习惯。

信念在关键时刻起作用，而习惯则是在不知不觉中起作用。你能够成功是因为你能够养成很多好习惯，并且全心全意地去执行！

习惯是后天慢慢养成的，并非与生俱来，对于我们的工作和生活而言，养成好习惯是我们获得幸福和成功的秘诀，因为成功是好习惯的集合。比如，如果工作的内容不分主次，你的内心一定会感到焦虑，并且很难得到上级的认可；如果做事总是拖拖拉拉，你肯定会掉队，而且永远碌碌无为，做事情总是三分钟热情等。

改变习惯就让我们从"十多"与"十少"开始吧：

"十多"	"十少"
（1）宣扬美德多一些爱心；	（1）关爱生命少吸一支烟；
（2）体贴同事多一些关心；	（2）维护环境少吐一口痰；
（3）创造和谐多一张笑脸；	（3）公开场合少一点牢骚；
（4）美丽人生多一声问候；	（4）举止文明少一句秽语；
（5）崇尚健康多一些锻炼；	（5）提高素质少一点陋习；

（6）勤奋好学多读一本书；

（7）不辞辛劳多干一点事；

（8）不畏困难多担一份责；

（9）专注工作多一点创意；

（10）对待工作多一点主动。

（6）积极上进少一点颓废；

（7）树立信心少一点自卑；

（8）心态积极少一些抱怨；

（9）工作主动少一些扯皮；

（10）钻研业务少一点无知。

请写下你的好习惯：

（1）_____

（2）_____

（3）_____

（4）_____

（5）_____

你必须改掉的坏习惯是什么？要知道，优秀的成功人士都有一大堆好习惯；相反，如果你有一大堆的坏习惯，那么你将走向失败，远离成功。因此，改掉坏习惯、培养好习惯真的很重要！

请写下你必须改掉的三个坏习惯：

（1）_____

（2）_____

（3）_____

请写下你想要增加的三个好习惯：

（1）_____

（2）_____

（3）_____

接下来，你所在的公司和团队有哪三个共同的好习惯？（找来你的 10 个

同事一起写写看）

　　（1）_____

　　（2）_____

　　（3）_____

　　如果 10 个员工所写的是相同的或者类似的习惯，那么说明企业有不错的企业文化；否则，企业亟须建立共同的企业文化。

　　记住：

　　　　成功的定义是达成既定期限的目标，而失败就是没能达成目标，不论这些目标是什么。失败是因为坏习惯太多，而成功是好习惯的集合！

14. 不要做语言上的巨人、行动上的矮子

行动大过知识，行动胜过一切。没有行动就没有结果，没有结果就不会成功。谁有超级的行动力，谁将会主宰一切。

在许多公司，我们都能看到语言上的巨人，但是在执行层面，他们却什么都没有做。

在职场上要想获得成功，仅仅靠知识是不够的，仅仅靠好的口才也是不够的。如果你有梦想、有目标也有计划，但是仍然没有成功，那么你就要审视一下自己是否具有坚持到底的毅力和坚决执行的行动力。

职场的起点不是喊口号，职场的过程也一定不能是浮云，职场的终点更不能是一种想象，职场的历程只能是一种具体的行动。行动不一定成功，但是不行动就一定会失败。

爱默生说："当一个人年轻的时候，谁没有空想过？谁没有幻想过？想入非非是青春的标志。但是我的青年朋友请记住，人总归是要长大的。天地如此广阔，世界如此美好，你需要的不仅是一双幻想的翅膀，更需要一双踏踏实实的脚！"做一百个决定不如一个行动；不要只想着采取行动，而是要采取"正确的行动"！德鲁克说："管理是一种实践，行动大于知识。"

《老子》第六十四章说道："合抱之木，生于毫末；九层之台，起于累土；千里之行，始于足下。"春秋时期，著名的哲学家老子根据事物的发展规律，提出了谨小慎微和慎终如始的主张："处理问题要在它未发生前，治理国家要在未乱之前。合抱的大树是细小的幼苗长成的，九层的高台是一筐筐泥土砌成的，千里的行程不管多难、多崎岖都是用脚一步步走出来的。"

记住：
    只想不做是空想！

15. 凡事马上行动，拖延会让一个国家灭亡

一个人总是加班，他不一定是个好员工，有可能是一个效率很低的"最后冲刺选手"。工作就像长跑，大家都在同一起跑线，一起出发。要想超越他人，就要拼命追赶……

也许在工作中，你并不是一个心思散漫的人，但是在接到工作任务后，你总会在开始时拖拖拉拉，快到最后的截止时间才开始重视起来。你总是赶在上交任务前的最后一段时间集中力量去赶工。这不是临时抱佛脚吗？你已经让自己成为一个"最后冲刺选手"，经常会打疲劳战，甚至会熬夜到凌晨两三点，导致第二天的工作状态不理想，身体也垮了。

然而，再看看你的工作结果吧！你无法保证其逻辑性、完整性、准确性。因为时间紧迫，你无法思考成熟，最终就会给上司留下很差的印象，你的事业也就在这样的状态下接近崩溃。

工作就像长跑，大家都在同一起跑线，一起出发。要想超越他人，就要拼命追赶……在这里笔者想提醒你换一种工作方法，那就是凡事马上行动！不要让自己的办公桌凌乱不堪，要让办公桌保持干净，只留一些与手头工作有关的东西，你的工作就更加顺利，不易出错。

一天，一位经理人来看心理医师。他显示出焦虑、紧张、不快乐的状态。明明知道这样不好，但是对自己的这种情况无力改变，只能向医师求助。

正当他和医师交谈时，一个电话打来找医师。接到电话，医师没有片刻耽误，马上做出决定。医师一向是有问题马上解决，从不拖延。接着谈话中途又遇到几次，医师同样处理了。医师向病人道歉，让病人久等了，但是他却看到病人脸上露出了愉快的神情。

"别道歉。"经理人说，"这 10 分钟里，我似乎已经知道自己错在哪里了。我得改变一下我的工作习惯……走之前我能否看下你的办公桌？"医师让经理人看了，医师的桌上除了必备的工具外，没有其他的东西。

经理人问："你把待处理的事情都记在哪里了?"医师说："我都处理了。"经理人又问："待回复的信件呢?""我都回复了,一收到信就立刻回复,这是我的习惯。"医师回答。

几周后,这位经理人请医师看了自己的办公桌,当然都已经改变了。而在这之前,经理人的两间办公室的三张办公桌上都堆满了要处理的各种东西。自从那次谈话后,他就回来做了清理,凡事马上行动。他再也没有堆积如山的东西让自己焦虑和烦忧,他的病也不治而愈了。

人才学家哈里克说:"世界上有93%的人都因为拖延的陋习而一事无成,这是因为拖延能挫伤人的积极性。"凡事拖延的员工一定得不到老板的赏识。如果想在职场上获得成功,就一定不能一脚踩油门,一脚踩刹车。比尔·盖茨说:"凡是将应该做的事情拖延而不立刻去做,并想留到将来再做的人都是弱者。"曾经任职美国国务卿的鲍威尔说过:"拖延会让一个国家灭亡的。"

克服拖延恶习的秘诀是:

(1) 每天早上告诉自己 10 遍:凡事马上行动!

(2) 不给自己任何拖延的理由。

(3) 消除内心的恐惧,相信自己可以做到。

(4) 学会拒绝干扰你的一切杂事,对它们说:"NO!"

(5) 做好时间管理。

(6) 找一个人监督自己。

> **记住:**
>   拖延是行动的天敌,行动是拖延的克星!

16. 每天晚上写下明天要做的六件事，
并按照优先级排序

要事第一，习惯是养成的，我们在一起工作既是为公司也是为自己。一般情况下，如果一个人每天都能全力以赴地完成六件最重要的事，那么，他一定是一位高效率人士。

效率大师艾维利在向美国一家钢铁公司提供咨询时提出：每天晚上写下明天要做的六件事，并按照优先级排序。这使得这家公司仅用了 5 年的时间，就从濒临破产一跃成为当时全美最大的私营钢铁企业，艾维利因此获得了 2.5 万美元的咨询费，故管理界将该方法喻为"价值 2.5 万美元的时间管理方法"。

这一方法要求把每天所要做的事情按重要性排序，分别从"1"到"6"标出六件最重要的事情。每天一开始，先全力以赴地做好标号为"1"的事情，直到它被完成或被完全准备好；然后再全力以赴地做标号为"2"的事情；以此类推……艾维利认为，一般情况下，如果一个人每天都能全力以赴地完成六件最重要的大事，那么，他一定是一位高效率人士。

事情的优先级如何安排？帕累托原则是由 19 世纪意大利经济学家帕累托提出的。其核心内容是，生活中 80% 的结果几乎源于 20% 的活动。比如，20% 的客户给你带来了 80% 的业绩，或创造了 80% 的利润；世界上 80% 的财富是被 20% 的人掌握着，世界上 80% 的人只分享了 20% 的财富。因此，要把注意力放在那 20% 的关键事情上。

根据这一原则，我们应当对要做的事情分清轻重缓急，进行如下的排序：

A. 重要且紧急（比如救火、抢险等）——必须立刻做。

B. 紧急但不重要（比如有人突然打电话请你吃饭等）——只有在优先考虑了重要的事情后，再来考虑这类事。

C. 重要但不紧急（比如学习、做计划、与人谈心、体检等）——只要是没有前面第一类事情（A 类事件）的压力，就应该当成紧急的事去做，而不是拖延。

D. 既不紧急也不重要（比如娱乐、消遣等）——有闲工夫再说。

记住：
    一日之计在于昨夜！

17. 我对我生命的结果 100% 地负责任

你如果不是"负责任的人",那么就是"不负责任的人"。这中间没有模糊不清的地方,只负起 90% 的责任,等于没有负责任一样。

很多人都不愿意负责任,因此,其生命也一直都没有进展。很多人都不满意自己的绩效,那是你自己的责任,你要改变它;如果你不满意目前的人际状况,就必须主动跟别人沟通;如果你对自己的经济状况不满意,就必须负起责任来,做出最恰当的决策,马上行动。

有这样一个案例:

动物王国里,老虎大王派黄牛去果园摘桃子。黄牛接受指令就去摘桃子了,看守果园的是猎狗。黄牛找到猎狗说:"老虎大王派我来摘桃子,请问桃子在哪里啊?"猎狗说:"你进了果园的门先往左转,再往前走……再往右走……"黄牛说:"这太复杂了。"猎狗说:"那这样吧,我给你画一张图。"于是,猎狗就亲自画了一张图,然后黄牛拿着猎狗画的图就去找桃子了。

山路十八弯,终于到达目的地的黄牛发现,一个桃子都没有。它在附近转了转,也没有发现桃子。黄牛很恼火,回到果园门口找猎狗算账。这时候,已经日落西山了。黄牛对猎狗说:"根据你给我画的图根本找不到桃子啊,耽误老虎大王的事谁来负责啊?"

那么,你认为,老虎大王、黄牛、猎狗,谁该对这件事负责?它们所承担责任的百分比应该各是多少?

在笔者的《精英团队训练营》的课堂上,很多同学都说出了他们的答案:有的说,老虎大王占 20%,黄牛占 50%,猎狗占 30%;有的说,老虎大王占 10%,黄牛占 80%,猎狗占 10%;有的说,老虎大王没有责任,黄牛和猎狗各占 50%;有的说,猎狗没有责任,黄牛和老虎大王各占 50%;等等。

其实,正确的答案是三句话:"第一句话是,从老虎大王的角度看,老虎大王应该承担的责任是 100%。第二句话是,从黄牛的角度看,黄牛应该承担的责任是 100%；第三句话是，从猎狗的角度看，猎狗应该承担的责任是 100%。"为什么？

从老虎大王的角度看，老虎大王相当于企业的领导、老板。领导者用人很重要，要摘桃子，怎么能派黄牛去呢？桃子在树上，而黄牛是不抬头的，所以应该派猴子。另外，老虎大王下达的指令也不明确，什么时间摘回来？摘多少？摘红的还是青的？如果在工作中你是一位领导者，你该承担的责任应该是 100%，不要向下属或其他部门推卸责任。

从黄牛的角度看，黄牛是执行者，执行者没有达成结果就应该承担 100% 的责任，其他统统都是借口。只要你没有摘到桃子，就没有完成工作，没有结果。

从猎狗的角度看呢？猎狗的职责是配合黄牛摘到桃子，不管你是亲力亲为，或是派另外一只小猎狗，还是采用画图等方法，都必须配合黄牛摘到桃子，这叫百分之百责任理论。

记住：

成功者都愿意为自己做的事情 100% 地负责任。只有这样做，才能让你的人生迈出一大步！

18. 责任会让你成为团队的核心

在管理中划分责任，主要目的是维持一种管理秩序。但这种划分不等于"分家"，秩序并不否认责任的主动性，如果因为秩序而推卸责任或者对责任视而不见，就违背了管理的意图。

美国总统杜鲁门说："责任到此，不能再推！"团队很容易感染的一种"病毒"叫逃避责任，就像电脑中毒一样。要想打造好的团队，必须进行团队建设，一定要防止团队"中毒"。

不负责任一共包括两个层面的内容：一个是对自己缺乏责任感；另一个是对他人及团队缺乏责任感。什么叫对自己缺乏责任感呢？就是自己做完了事情不愿意对结果负责，推卸责任，找借口、找理由，把责任压在上级领导一个人身上，事不关己高高挂起，人人自扫门前雪，莫管他人瓦上霜。

有些员工在企业内部甘于平庸，认为自己地位低微，认为别人享有的荣誉自己都不配享有。可是，是谁看轻你的工作？是谁看轻你自己？没有别人，除了你自己以外！

某年的 2 月 15 日，吉林市中百商厦发生了特大火灾。

当天，一位员工到仓库内放包装箱时，不慎将吸剩下的烟头掉落在地上。他随意踩了两脚，在并未确认烟头是否被踩灭的情况下匆匆离开。结果，在当天 11 时左右，烟头将仓库内的物品引燃。

恰恰这时，中百商厦保卫科的工作人员违反单位规章制度，擅自离开了值班室，没有对消防监控室进行监控，没能及时发现起火并报警和采取措施，延误了抢救时机。

当得知火情后，他们又违反消防安全管理规定和本单位的灭火疏散方案的规定，未能及时有效地疏散群众，导致 54 人被大火夺去性命，70 人受伤，直接经济损失 400 多万元。

事故发生后，国家安全生产监督管理总局副局长很感慨地说了这样一句话："如果责任心再强一点，几乎每一起重大事故都是可以避免的。"

仓库保管员的工作重不重要？为什么要认为自己微不足道呢？可是，这种观念就是人们失去责任感的主要原因。

在团队中，作为一个领导者，如果没有办法去控制那些不负责任的人，你的团队将会分崩离析。如果想打造团队，想成为一个优秀的领袖和经理人，就必须训练员工的责任感、责任心。

在这里，笔者真诚地给大家推荐自己的《精英团队训练营》课程，相信，这一定是每个走上工作岗位的迷茫员工必须学习的第一课。15 年来，笔者帮助企业培养了几万人次，有些员工从刚入职就来参加这个课，当上经理之后又带员工来参加，后来又做到了老总。我们都很感慨，这就是笔者的使命和价值。你一定要来参加这个培训！

没有风的时候，如果想把风筝放起来，你需要跑起来。风就是机会，跑起来承担责任，如此你才有机会。责任会让你成为团队的核心！

记住：
    即使不是你的责任，在公司中你也要主动承担责任，如此才会有发展！

19. 责任的背后隐藏的是机会

责任和机会是合二为一的，责任中蕴藏着机会，机会中也蕴藏着责任。可是问题是：第一，人们往往缺乏抓住机会的能力；第二，机会来了自己还没有准备好；第三，没有认识到责任就是机会。

机会是什么？机会像一道"闪电"，抓住它就会能量无限；机会又像一个"守夜人"，它一脚踢开门，不管你起不起床，它都转身离开；机会又像一个"小偷"，来的时候你一无所知，走的时候你损失惨重……所以，要想获得成功，就要抓住职场上每一个重要的机会。

那么，机会隐藏在哪里呢？在责任的背后。

有一家山东企业，每两年划分一次销售区域。有一次，在年底开会的时候，营销老总站在台前问："东三省，即黑、吉、辽这三个地方谁愿意负责？"所有的业务员都低着头，没人抬头，都不敢吭声，害怕叫到自己。因为大家心里都明白，东三省接近空白，那里的经销商、代理商太少了。大家都想要一个成熟的区域，这样到了年底，奖金和提成加在一起才会多一些。

看到没有人愿意去东三省，营销的老总犯难了。公司明年要大力开发这个地方，连一个得力干将都没有。结果，在会议间歇的时候，员工小王找到了营销老总，他说："如果没有人愿意去干，那我去。"

营销老总一听自然很开心，很快便给小王配备了人手，给予了他经销商返利的政策等市场支持。小王去了东三省，两年时间一晃而过。小王不负众望，把东三省也做成了别人眼中的"大蛋糕、大肥肉"。这时，公司高层有所变动，营销总监出现了岗位空缺，老板亲自把小王提到了营销总监的位置。

这时，人们才明白，原来，谁有能力把东三省做起来，谁就有机会当上营销总监！有些人感到很后悔，可是这个机会已经非小王莫属了。其实，小王之所以能够赢得这个机会，是因为他承担了非常大的责任，老板不仅看到了他的潜力，更看到了他的责任心。

在笔者拜访过的 2000 多家企业中，这样的真实案例有很多。请相信，责任背后隐藏着机会！

在公司，什么事领导都找你，什么责任都让你去担，虽然可能你拿的薪水暂时跟别人一样，但是你干的活比别人要多一些，责任要大一些……这时候，不要害怕，也不要逃避，这可能是领导在给你机会，想要历练你，想要在未来重用你，你要去反思自己有没有承担责任的能力。

责任是一种人格力量！如今，责任已经上升到人品的高度了，责任本身就是回报！责任本身就是爱！责任本身就是价值！

考考你：

爱的反义词是什么？爱的反义词不是恨！就像两个人谈恋爱，我爱你，就爱得死去活来；我恨你，就恨之入骨。但是有一天，我不爱你也不恨你了，我对你一句话也不想说了，很可能就会离开这个城市，去另外一个城市。所以，爱的反义词不叫恨，叫冷漠。

如果上级领导批评你、表扬你，凡事都让你去处理，那么恭喜你！因为他在栽培你！假如你的上级领导把你"养"起来，什么也不让你干，一张报纸一壶茶就过一天，不到三个月你自己会提出离职。如果你的上级对你冷漠了，你就距离职不远了。所以，老板批评你，甚至生气骂你一通，都是好事情。因为在老板的眼里，你可能还不是一块好钢，还需要磨炼。

> **记住：**
>
> 不承担责任，哪来的机会！

20. 不负责任是你最大的风险

很多人认为推卸责任可以保护自己，让自己不会被罚款、被批评……所以，就会习惯性地把事情的责任推卸得一干二净。其实，这却是你职场上最大的风险！

逃避责任是人的一种本能，也可以说是人的一种劣根性。没有责任又能轻轻松松地领取薪水，是一件令人感到惬意的事情。但是，不承担责任的人，早晚会被扫地出门！

有户人家养了两只狗，其中一只很勤奋，另一只却只知道睡懒觉。有一天，邻居觉得一只狗就可以看好家，于是决定杀掉一只。经过几天的比较，主人把每天睡懒觉的那只给杀掉了。一方面是因为它没有尽到责任；另一方面它好吃懒做养了自己一身肥肉。

类似这样的情节，在职场上每天都在上演着。承担责任越多的人，越容易被加薪；承担责任越少的人，则越容易被列入裁员的名单中。

一家公司门前有一个转弯路口，没有装红绿灯，但是车流量非常多。一个员工在下班的时候，不小心被一辆车刮伤了胳膊，所幸是轻伤，没什么大事，包扎一下就从医院回来了。

老板非常重视这件事，交代下去，公司门口转弯处要安装红绿灯。可是，一年时间过去了，红绿灯还没有装上。这时候，又有一名员工在这个转弯路口被一辆水泥罐车活活夺去了性命。

老板忽然想起来，一年前我就交代了要装红绿灯，为什么还没有装上？他把副总叫到了办公室，副总说："我有向下交代、向下落实，交代给安全部经理了。"安全部经理被叫到办公室，他说："我去交通局了，这件事也得到执行了，但是交通局让我们企业提供相关的资料、证明、各项手续，我们部门又没有这个手续，只好向上级行政部请示。"行政部继续请示上级总裁办，总裁办的一个人知道公司财务经理的亲戚跟交通局的副科长私交不错，请他帮忙打个电话看看人家能否关照一下。可是，财务经理却说："我是管财务的，我的亲戚也是好心帮忙，这件事情不归我们部门跟踪负责，所以我们部门没有跟踪，财务部根本没有责任。"安全部门说："我们不知道他们有没有把资料提供给交通局，所以没有跟踪，我们部门没有责任啊！"

老板看到与这件事相关的人都说自己没有责任，一怒之下，将这几个人全部辞退了。

可见，推卸责任是一个人最大的风险！

> **记住：**
> 不承担责任的人，早晚会被扫地出门！推卸责任会让你丧失前程！

21. 负责任的最高境界是忠诚

忠诚是神圣的美德，更是通往事业成功的道路。

公司选人，你认为是要先用才，还是先用德？有人说，先用德，也许最好能德才兼备。当鱼和熊掌不能兼得的时候呢？

张齐作为客户部经理受聘于一家公司，由于他毕业于一所国内著名的高校，其条件在众多应聘者中是出类拔萃的。于是人力资源部经过考虑，决定聘用他。

开始的几个月，张齐表现得非常好，工作积极主动，业绩也上升得很快，以至于这家公司的高层领导已经把他作为公司副总的候选人之一。但是半年之后，张齐却突然提出离职，这对于公司而言不能不说是一种损失。不过，张齐去意已决，领导也只好随他。

开始的时候，公司对于张齐离职并没有做过多的考虑，直到在一次大型竞标会上，见到张齐代表竞争对手参加竞标时，才意识到不妙。因为张齐在临走之前带走了公司的许多资料，这些资料包括公司最重要的大客户联系资料，以及公司最新的技术和标底。

公司最初对于这场竞标，怀有十二分的信心，但当其看到张齐的神情以及竞争对手亮出底牌时，公司才知道竞争对手挖去张齐的同时，也把自己公司的商业机密一并挖了过去。

最终，掌握更充分信息的张齐，果然成功地从自己的老东家手中抢到了一大笔生意，而他的老东家却因此遭受了巨大的损失。更可怕的是，他们不知道张齐究竟带走了公司多少机密，以后还会给公司造成怎样严重的损失。

有位老板姓赵，他是这样说的："有一个人要跳槽来我们公司，我起初不知道该用还是不该用。但是我真的很爱才，就调查了一下他。发现在同行业中，两年之内，加上我这里，他已经换了四家公司了。但我考虑到他的能力非常强，手里有大把的客户资源，我仍然决定用他。但是我心里真实的想法是，我用他不会超过两年，并且公司未来会给到股份的人也绝对不会是他，我更重视员工的忠诚度。"所以，忠诚度对于一个人的职业发展是异常重要的。

责任胜于能力，你是在挖坑，还是在挖井？忠诚比能力更重要！

记住：
一丁点的忠诚抵得上一大堆的智慧，企业不会亏待兢兢业业的"老黄牛"！

22. 做责任者而不是受害者

做责任者还是受害者，是你的选择。选择做责任者你就快乐，选择做受害者你就不快乐。

想想你的生活，发生事情的时候，你是否总是觉得自己受伤了？总是觉得别人伤害了自己？

夫妻之间为何会吵架？老公回到家里，看到孩子的考试成绩后就开始抱怨老婆："孩子学习成绩这么差，都是你的问题，你整天不管孩子，也不关心他，放学了放任他去玩……你是怎么做妈妈的？"老婆一听就火了："难道管孩子是我一个人的事情吗？你工作总是那么忙，下班回到家不是盯着电脑，就是看电视，你管过孩子的学习吗？"这样，两个人相互抱怨，仿佛只有自己才是真正的受害者。

其实，众所周知，教育孩子，父母双方都有责任。我们能不能做一个承担责任的责任者呢？如果发生同样的事情，老公回到家里，看到孩子的考试成绩，对老婆说："你看，孩子的成绩不好，我们能不能都反省下我们做父母的责任呢？首先，是我不好，我不应该整天忙工作，对孩子的关心太少了，作业情况也没有监督，孩子考得不好，是我这个做爸爸的没有尽到责任。也许我们除了监督他，还应该学习一些教育孩子的方法，让他学会管理好自己……"相信，太太听了先生的自我反省，定然不会持续地指责先生，可能会说："是的，孩子学习成绩不好，其实都是我的责任，我空闲时间比你多，却都用在了打麻将和看电视上，孩子喜欢玩，是我这个做妈妈的没有做好榜样。"当双方都学会做责任者时，就会开心快乐，事情也会变好。

当一个事件发生的时候，你不妨问问自己，你想要什么样的结果？你要的结果是吵架来伤害彼此还是家庭和睦与彼此的成长进步？选择做责任者，才是选择进步；选择做受害者，是选择痛苦。

在工作中，只有停止抱怨，努力培养自己勇于负责的工作精神，才会产生改变一切的力量。一个逃避困难、不敢面对挑战的员工，是很难让人相信他会真正为企业担当责任的。作为企业的领导，谁敢赋予他更大的使命呢？

记住：

　　不要抱怨，抱怨的最大受害者是自己！

23. 愿意为多少人负责，才能成为多少人的领导

管理者首先应该是责任者，你愿意为 3 个人负责，你才能成为这 3 个人的领导；你愿意为 30 个人负责，你才能成为这 30 个人的领导。对公司负责，对团队的工作负责，对下属和同级负责，对自己的错误负责……要把负责的精神落实到每一个工作细节中去。

作为职业经理人，不仅要清楚自己的责任，还要清楚自己应该为下属承担什么责任。那种把一切责任推到下属身上的职业经理人，不仅不合格，简直就是有道德问题。

有位姓钟的职业经理人，两年前曾担任某公司的财务总监。有一次，下属的财务部在计算客户返利时，多计算了五万元，而这五万元肯定是收不回来的。

老板知道这件事后非常生气，把钟经理叫到了办公室："你手下的人出了这样的问题，这么长时间，你竟然没有发现？"钟经理说："这些返利通常是由营销部报到财务部，财务部签字后我再签，我事情太多，当时没有看明白。"老板更火了："没有看明白？难道你比我还忙？"

钟经理自知没有话说，赶紧表示立刻处理，但是他出口的话更糟糕："我立刻去处罚财务部经理。"老板终于愤怒了："处罚财务部经理？难道你真的认为自己没有责任？难道你认为处罚就能解决问题？我本来不想处罚任何人，但是我现在觉得最应该受到处罚的是你，这件事情由你一个人负全部责任！"

其实，老板把钟经理叫来问话，并不是要钟经理承担损失，只是给他敲敲警钟，不要让类似的事情再发生，钟经理却以自己事情多为由推卸责任，首先从态度上就不过关，让老板很失望。作为财务总监，财务部出了问题，财务总监是有责任的。

钟经理不清楚自己的领导责任，还拿下属来当垫背，这是让老板愤怒的

原因。逃避责任的职业经理人，上级是无法放心的——因为他们不知道以后还会不会出问题，下级是没有安全感的——因为他们不知道下一回你还会不会拉他们做"替死鬼"。

西点坚信——没有责任感的军官不是合格的军官。

国家坚信——没有责任感的公民不是好公民。

企业坚信——没有责任感的管理者不是合格的管理者，没有责任感的员工不是好员工。

负责任是一种生存的法则。自己的过错要自己承担，这是每个人的责任和义务。千万不要因为惧怕随之而来的负面影响，一味地隐藏错误或为自己的过错找开脱的理由。如果能以积极的心态，勇敢地承担自己的责任，那么你将永远不会被错误所累，你就会更快乐地获得成功。

鲁迅曾说过："真的猛士，敢于直面惨淡的人生，敢于正视淋漓的鲜血。"列宁也说："认错是改正的一半。"而另一半就是采取一切可能的措施去弥补自己的过错，这不仅可以将你为错误付出的代价最小化，还可以让老板更进一步了解你的能力和潜在价值。

一个人责任感的高低，决定了他工作绩效的高低。与其为自己的失职寻找理由，倒不如大大方方地承认自己的失职。领导者会因为你勇于承担责任而不责难你；相反，敷衍塞责、推诿责任，找借口为自己开脱，不但不会得到别人的谅解，反而会"雪上加霜"，让别人觉得你不但缺乏责任感，而且还不愿意承担责任。

> 记住：
>
> 凡事发生都开口讲这是我的责任，你就立刻进步；指责抱怨别人就会原地踏步。负责任首先就是不指责、不抱怨，敢于担当！

24. 让自己的性格向健康方向发展

你今天的一切结果都是你的性格所带来的，所以性格也决定了你的沟通模式和管理风格。要时刻提醒自己，性格是可以精进的，应该让自己增加新的可能性。

古语云"积行成习，积习成性，积性成命"，西方也有名言："播下一个行为，收获一种习惯；播下一种习惯，收获一种性格；播下一种性格，收获一种命运。"可见，东西方对性格形成的看法都一样。

所谓性格指的是，一个人对人对事的态度和行为的心理特征；如英勇、刚强、懦弱、粗暴等。性格表现了人们对现实和周围世界的态度，并表现在他的行为举止上。性格主要体现在对自己、对别人、对事物的态度和所采取的言行上。

心理学家们曾经以各自的标准和原则，对性格类型进行了分类，根据佛罗伦萨·妮蒂雅的分类方法，按照对人的管理，可以把性格分为：活泼型、完美型、力量型以及和平型四种基本类型。

第一，活泼型。

活泼型性格的人，一般都外向、多言、乐观，偏重于说。对别人无所谓，对自己也无所谓。

他们都思维敏捷，容易与人相处，并且能自然地表达，容易攀谈；最善于说门面话和闲聊；说话不经过大脑脱口而出；对于严肃和敏感的事情也能粗线条地开玩笑；不用心，不懂得体恤别人；爱肆无忌惮地打断别人的讲话，不是好听众，会经常忘记别人说过什么。

这种性格的管理者，通常制定的目标都非常有弹性，要求行动胜于研究；喜欢娱乐，童心未泯；即使当工作富于游戏性和挑战性时，也能做到训练有素；焦点性不强，容易被新的目标吸引；缺少对未来的准备及未雨绸缪的能力。

第二，完美型。

完美型性格的人，通常都内向、悲观，是思考者，对别人要求严格，对自己要求也很严格，具有奉献自己、牺牲自己的精神，偏重于想。

这种类型的人，一般都能享受敏感而有深度的谈话，强烈期待别人具有敏感性和深度；最擅长身临其境地去体会别人的感受；记得住对话时共鸣的感情和思想，以为别人能读懂他的心思与感觉；原则性过强，不愿意妥协；愿意拉长谈话的时间，即使谈话内容与主题无多大关系。

这种性格的管理者，一般都高度自律；容易采纳他人的建议；计划周密而且会严格遵守执行；有强烈的目标导向，会设立高目标；容易被不理想的成绩击垮斗志；容易受挫于不良的团队协调；以为别人都能理解他的目标，并全力以赴。

第三，力量型。

力量型性格的人，一般都外向、乐观，是行动者，对别人要求严格，对自己无所谓，偏重于做。与人沟通的时候，他们喜欢和人讲道理；喜欢单刀直入，不拐弯抹角；铁石心肠，比较冷漠，不善于倾听；无力洞察他人内心，不能领略细节和美；对言不及义的唠叨者表现出不耐烦；是严酷且自以为是的审判者；缺乏亲密分享的能力。

这种类型的管理者一般都能自信而且快乐地设定目标，是天生的目标指示者；善于掌握全局蓝图；效率高，受不了缓慢，宁取数量不取质量；能轻松而迅速地做出决策；生活在文件堆中而非人群中；目标没完成或者遇到阻力时，容易发怒。

第四，和平型。

和平型性格的人，通常都比较内向、悲观，对别人不要求、对自己不苛求，是旁观者。

沟通的时候，他们是最棒的听众，最具备善解人意的本领；拒绝在议题上采取明确的立场，不先寻求最佳方案便接受别人的决定；在对话中不能快速地做出反应，改变的速度慢；往往不忠实于自己的感觉，只为了讨好别人而去附和；除非被催促，否则对于谈话极少注入热情。

这种性格的管理者，一般都对目标采取走着瞧的态度；欢迎各式各样的意见陈述，容易采纳他人的建议；相信自己在各种不同环境中都能成功；等候某种征兆或者等待别人为他做决定；认可制定目标的价值，但在目标设定上缺乏一贯性。

如何才能让自己的性格向健康的方向发展呢？该如何不断地精进自己呢？

（1）与别人沟通之前，先要了解自己。

（2）沟通的意愿大于方法，不要戴着有色眼镜看人。

（3）学会换位思考，允许不同性格类型的人存在。

（4）了解自己的性格属于哪种。

（5）人们喜欢和自己性格一样的人，所以要投其所好。

（6）性格不是一成不变的，江山易改本性难移，所以要学会迁善，要增加新的可能性。

（7）有智慧的人要不断完善自己的性格，自我认知，自我提醒。否则只有当生命中发生重大突发事件甚至是血淋淋的教训时，才能改变。

（8）性格没有好坏，你还是你，但是要记得朝健康方向发展自己的性格。

记住：

性格决定命运！

25. 积极的心态决定成功

成功的定义是达成既定期限的目标。我们能够达成目标的根源在于我们对待客观因素的心态以及把握客观因素的技巧，而"技巧"已经被证明属于"心态"。心态会吸引与其本质相呼应的状态。

人活着就是要创造价值，让身心不断地进化，生命的意义在于完成一个使命，实现人生的梦想，获得成功。

世界成功学之父——拿破仑·希尔的"PMA 黄金定律"中指出：成功人士运用"积极的心态"获得成功。成功人士始终会积极地思考，乐观地面对一切事物，并且会创造辉煌的经验来支配和掌控自己的人生；而失败者则会运用"消极的心态"面对人生。

这里有一个重要的定律——宇宙吸引力法则。生命中所发生的一切都是你吸引来的，它们是被你心中所保持的"心像"吸引来的，它们就是你所想的。不论你心中想什么，你都会把它们吸引过来。你的每个思想都是真实存在的东西———一种力量。你就是一块磁铁，"同类"会吸引"同类"，因此，当你的头脑中出现一种思想时，同类的思想也会被吸引过来。

成功者跟普通人最大的差别就在于，普通人调整心态的速度很慢。

有个女孩子，前后一共谈了六个男朋友，结果六次恋爱都以失败而告终。她总结了一个毒性的教条："天底下的男人没有一个好东西。"我们给她做心理辅导的时候，发现她其实是属于活泼型的。她的性格本身就挺开朗，所以我们也敢跟她开玩笑。

当时，为了震撼她一下，我一拍桌子就站起来，瞪大眼睛跟她讲："天底下有那么多男人，你才谈了六个怎么能说失败了，也许第七个就成功了呢?"当她被疗愈以后，果然找到了自己的如意郎君，拥有了幸福的爱情。

积极的心态，决定着你想成为什么样的人，会做什么事，拥有什么样的未来成就。想着这些，不断地发出频率，让自己保持积极和喜悦的心态，乐观地去工作和生活，你的愿景就会在你的生命中实现。因为你的思想频率和那个事件的频率是相互吻合的。想到什么就是什么，口中说什么就是什么，关注什么，就会发生什么。

记住：

一般人看负面，成功人士看正面，有大成就者都善于把负面转化成正面！

26. 你每天的状态决定了你生命的品质

创造好状态，制造好心情，拥有好感觉，天天正能量，活出喜悦而又精彩的人生。

如今，大多数人都是依照"默认方式"在吸引事物。感觉有两种：好的感觉和不好的感觉。两者的差别就在于：一个让你感受美好，另一个让你感受糟糕。从根本上说，所有负面的感觉——沮丧、愤怒、怨恨等，带来的感受都一样。如果每天都能有好的感觉——爱、喜悦、兴奋和感恩，美好的事物就会发生。

做了 15 年的培训讲师，笔者接触过很多学员，想不到自己也能认识一个幸运儿——一位中 500 万元彩票的企业员工，他给我上了一课。首先，在感觉上，他是一个心态很好、很乐观的人。中了彩票后，他依然一如既往地工作和生活，心态平衡，没有什么变化，当然除了买新房子之外。其实，好事情永远会降临在有好状态的好人身上。因为，好状态、好感觉吸引好事情发生。

从前，有一个人，世界上任何东西都会让他感到高兴。就是看到一棵小草，他也会喜笑颜开。有一次，他想弯腰看一看他的欢乐还在不在。可是，他刚一弯腰，欢乐就不见了。

"怎么会这样呢？"他自问道："欢乐刚才还在，怎么忽然就掉进地缝里去了！"于是，他走遍山川、河谷和森林，去寻找欢乐。他弯着腰找遍每个角落，可是失去的欢乐还是没有找到。他直起身子对自己说："不找了！丢了就丢了，难道要弯腰一辈子吗。"这时候，奇怪的事情发生了——他刚刚直起身子，欢乐就又回到了他身上。

原来，欢乐是怎么丢的又会怎么回来！

如果你热爱自己的工作，那么你每天都生活在天堂；如果你讨厌自己的工作，那么你每天都活在地狱。只有快乐工作、快乐生活，才能在每时每刻活出激情、快乐、喜悦的状态。

记住：

　　好事情永远会降临在有好状态的好人身上，好状态、好感觉吸引好事情发生。疾病无法在健康的身体状态中存活。

27. 太棒了，这样的事情竟然发生在我身上，又给了我一次成长的机会

遇到困难时要问自己："下一步我要做什么？我的解决方案是什么？"

面对挫折，有人怨天尤人，痛恨老天，痛恨命运的不公平；有人退避三舍，远远逃离，宁可接受失败的苦涩也不愿意再次奋力一搏；有人咬紧牙关，平静下来对自己说"太棒了，这是好事"，然后继续朝着目标前进。

"牛仔大王"李维斯的西部发迹史中曾有这样一段传奇：

当年，像许多年轻人一样，他也带着梦想前往西部追赶淘金热潮。一天，他发现有一条大河挡住了他西去的路。苦等了几天，被阻隔的行人越来越多，但都无法过河。于是，陆续有人向上游、下游绕道而行，也有人打道回府，更多的则是怨声一片。

李维斯的心情慢慢平静下来，想起了出发前一位智者传授给他的一个"思考制胜"的法宝，是一段话："太棒了，这样的事情竟然发生在我的身上，又给了我一个成长的机会。凡事的发生必有其因果，必有助于我。"于是，他来到大河边，不断地对自己说："太棒了，大河居然挡住了我的去路，又给了我一次成长的机会。"果然，他真的有了一个绝妙的主意——摆渡。没有人吝啬一点小钱坐他的渡船过河，他迅速地获得了人生的第一笔财富。

一段时间后，摆渡生意开始清淡。他决定放弃，并继续前往西部淘金。来到西部，四处是人，他找到一块合适的空地，买了工具便开始淘起金来。可是，刚到西部的那段时间，他多次被欺负。最后一次被人打完之后，他又一次想起他的"制胜法宝"："太棒了，这样的事情竟然发生在我的身上，又给了我一次成长的机会。"他真切地、兴奋地反复对自己说着，终于，他又想出了另一个绝妙的主意——卖水。

西部不缺黄金，但缺水，可似乎没什么人能想到这一点。不久，他卖水的生意便红红火火。随着参与人数的逐渐增多，大家都开始抢地盘。有一天，

一个壮汉对他发出最后通牒，李维斯不得不再次无奈地接受现实。然而当这家伙扬长而去时，他却立即开始调整自己的心态，再次强行让自己兴奋起来："太棒了，这样的事情竟然发生在我的身上，又给了我一次成长的机会。"

李维斯调整了自己的关注焦点。他发现，来西部淘金的人，衣服极易磨破，同时又发现西部到处都是废弃的帐篷，于是他把那些废弃的帐篷收集起来，洗干净，缝成了世界上第一条牛仔裤！从此，他一发不可收拾，最终成为举世闻名的"牛仔大王"。

在公司如果被上级骂了，你该怎么想？该这样告诉自己："太棒了，这样的事情竟然发生在我的身上，又给了我一次成长的机会。"老板为什么骂你？因为你做事情不负责任。回到家里被老婆骂了，你该这样告诉自己："太棒了，这样的事情竟然发生在我的身上，又给了我一次成长的机会。"老婆为什么骂你呢？因为你不懂得女人的心。

遇到挫折和困难的时候，不要一味地沉迷于失意和绝望中，要不断地通过自我暗示来调动潜意识中的积极能量，并通过激发自身的潜能来改变困境。

"太棒了"既不是口号，也不是"阿Q精神"，更不是无力的自我安慰，而是一种符合科学原理并且具有实践意义的思想理论。当遇到棘手的麻烦时，只有让自己先"阳光"起来，才能向目标不断迈进。

记住：
　　要不断地通过自我暗示来调动潜意识中的积极力量，境由心造，阴晴在我，抱怨问题不如解决问题！

28. 态度决定一切

成功是因为态度，失败也是因为态度。虽然我们改变不了发生的事情，但是可以改变自己的态度。态度改变了，反而可以吸引和创造成功。

有个叫"塞翁失马，焉知非福"的成语是这样的：

在古老的东方有一个智者，他的一匹马丢了。邻居说："你真倒霉！"智者回答说："是好是坏还不知道呢。"

不久，丢失的马领着一匹野马回来了。邻居说："你太幸运了，多了一匹马。"智者回答："是好是坏还不知道呢。"

一天，智者的儿子从马上摔了下来，把腿摔断了，邻居说："你真倒霉，就这么一个儿子，腿还摔断了。"智者回答："是好是坏还不知道呢。"

过了一段时间，皇帝征兵，很多年轻人都在战场上战死了，智者的儿子腿断了不能打仗，未被征兵反而活了下来。

什么是傻瓜理论？

第一条：事物本身没有意义，意义都是人们加上去的；

第二条：你可以给事物加上积极的意义，也可以给事物加上消极的意义；

第三条：加上积极的意义就会得到积极的结果，加上消极的意义就会得到消极的结果。

在成功者获得成功的所有影响因素中，80%属于个人自我取向的态度因素；13%属于自我修炼的技巧类执行因素；7%属于所谓的客观因素。能否驾驭客观因素，取决于我们的态度。有什么样的自我期望就会选择什么样的信念，有什么样的信念就会产生什么样的态度，有什么样的态度就会选择什么样的行为，有什么样的行为就会产生什么样的结果。

李嘉诚之所以能成为华人首富，原因之一就是，从给人打工时起，他就是一个态度良好的人。父亲的忽然去世使十多岁的李嘉诚不得不靠打工来维持整个家庭的生活。刚开始，他到茶楼做伙计。后来，他应聘到一家企业当推销员。

有一天，李嘉诚去推销一种塑料洒水器，连续问了好几家都没有人愿意购买。整个上午过去了，他还是一点收获都没有。如果下午仍然毫无进展，回去以后就没法和老板交代了。

虽然推销工作进展不顺利，但是他依旧不停地给自己打气，充满信心地走进了另一栋大楼。看到楼道里堆积的灰尘，他灵机一动，没有直接去这家公司推销产品，而是去了洗手间，往洒水器里装了一些水。然后趁着有人经过的时候，把水洒在楼道里。

神奇的事情是，原本很脏的楼道经他一洒水，一下变得干净起来。有人将这件事告诉了办公楼的管理者，他们立刻对李嘉诚的洒水器产生了兴趣。于是，在那个下午，李嘉诚卖掉了十几台洒水器。

面对一件事情，成功者总是摆正心态去想办法解决问题，而不是抱怨问题的发生。一个绝妙的办法能开启你智慧的大门，也能开辟人生的新天地，柳暗花明又一村的美丽往往来源于好心态。

记住：

　　有问题，有困难，就想尽一切办法去解决，这才是生存的王道！

---

29. 活在当下

一生当中最值得珍惜的时刻是此时此刻，一生当中最值得珍惜的人是此时此刻在你身边的人。

什么事情对你来说最重要？什么人对你来说更要珍惜？什么时刻最宝贵？

有人说，升官发财，买车购房；有人说，父母、丈夫、妻子、孩子；有人说，最重要的时刻是洞房花烛夜，金榜题名时。其实，都不是！一生当中最重要的时刻是此时此刻，一生当中最值得珍惜的人是此时此刻在你身边的人。

有很多人，工作的时候想着家里的事，在家的时候想着工作还没有做好，思维一刻也不停止。你的思维到底在思考什么呢？答案是，过去和将来。但问题是，当你思考过去和未来时，你就无法真正地活好现在，真正的成功是你能活出当下的喜悦！

一个人被老虎追赶，他拼命地跑，一不小心掉下悬崖。他眼疾手快地抓住了一根藤条，身体悬挂在空中。他抬头向上看，老虎在上面盯着他；他往下看，万丈深渊在等着他；他往中间看，突然发现藤条旁边有一个熟透了的草莓。

现在，这个人有上去、下去、悬挂在空中和吃草莓四种选择，你觉得他会如何选择？其实，对他来说，吃草莓的这种心态就是活在当下！

有人说，他马上要死了为什么还吃草莓？问题是他还没有死，机会在动态中出现，没准老虎走了，他还可以爬上来。孩子之所以会比我们大人快乐，是因为他们活在当下。他们有更纯粹的正能量，是更真实的真我，他们内心拥有活在当下的喜悦。

活在当下不是今朝有酒今朝醉，不管明日有忧愁；亡命徒；孤注一掷；破罐破摔；醉生梦死；只是享乐不去创造。而是投入当前的状态；以未来为导向，活在过程中；活在今天；把握现在；体验当前，活出你自己；不需要理由，当下就要快乐、喜悦，你来时如此，走时也如此，过程更应如此。

低效率的人，通常不会把大部分的时间花在当下，只会为过去悔恨，为未来担忧。经常活在过去的人会变得消沉，经常活在未来的人会产生焦虑，只有活在当下才是对过去的最好运用并且能够创造更好的未来。

记住：

不能活在当下，就会失去当下，也将失去未来；明天永远都不会来，来的时候已经是今天，我们要活好每一个今天！

30. 永远正能量

一个正能量的人可以把 7 个人拉向正能量，一个负能量的人可以把 25 个人拉向负能量；生活当中的喜、怒、哀、惧是四种能量。

什么是正能量呢？生活中，偶尔也会幸运地遇到正能量的人，他们总是那么积极乐观，总是那么快乐，总是那么具有影响力。你感到羡慕，并被深深吸引，你也希望成为那样的人。那么，到底应该怎么做呢？首先，我们来看看什么是正能量和负能量。

（1）正面的高能量：充满活力、精力充沛、兴奋、热情、全神贯注、多姿多彩、正面挑战、内外合一（动态）、自我提升、提升他人。

（2）正面的低能量：安静、冷静、平静、宁静、放松、焕然一新、活在当下、充分休息、内外合一（静态）。

（3）负面的高能量：愤怒、怀疑、沮丧、担忧、急躁、压力、负面的挑战、所有的事情都是问题。

（4）负面的低能量：怨恨、后悔、内疚、嫉妒、自卑、绝望、挫败、羞耻、尴尬、责怪。

为了成为正能量的人，就要让所有的负能量"没有空间"进入自己的时间内！让自己始终处于"80% 的正面的高能量"和"20% 的正面的低能量"的状态中……这就是人生快乐和成功的秘诀！正如所有的秘诀一样，你必须有意识地去不断操练、实践，直至成为习惯！实际上，这就是在生活中修行的完美诠释！

来自佛罗里达州的心理学家萨拉·斯诺格拉斯的心理实验证实了"表现原理"的威力，大踏步走的人与拖着步子走的人相比，明显感到更快乐。可见，快乐是可以被创造的，身体上小小的改变，就能让身体充满正向的能量。

请随着欢快的音乐舞动起来吧！在每天清晨感受生命的美好，让每个今天充满正能量。快乐地说话、跳舞、谈笑、歌唱，做任何你喜欢的事情，这样正能量才能被激发出来，将所有好的情境、人和事件带入你的生命中！

人若想年轻要有三态：年轻的状态、年轻的体态、年轻的心态。如何提高生命的品质呢？改变内在的思想、改变语言、改变肢体动作。好的状态就是好的情绪，动作会创造情绪，改变你的肢体动作。

记住：

快乐是可以被创造的！保持正能量就是保持好的情绪、好的心态！

31. 不讲悲观负面的话

人生最怕下错定义用错词。

请大声地把这 15 句话读七遍，并留意你的感受：

（1）我今天感觉特别好。

（2）我很有钱，有很多很多的钱，这是一件快乐和幸福的事情。

（3）很多好事情都发生在我身上。

（4）我觉得我能成功。

（5）别人对我都很友好，我感觉很开心。

（6）我喜欢运动，我在运动中享受喜悦的人生。

（7）我知道，一门心思做一件事情我就能成功。

（8）我现在激情四射，特别具有创造力。

（9）我现在精力充沛，感觉压力简直不值得一提。

（10）今天我效率特别高，简直是不可思议。

（11）我现在很乐观，我觉得自己能和所有人愉快地相处。

（12）今天我周围的一切都变得美好。

（13）我现在兴致高昂，我越来越好。

（14）我感觉生活就在我的掌控之中，我超级自信。

（15）今天感觉太美好了，我一直期待过这样的日子，我感恩上帝赐给我的一切。

请大声地把这 5 句话读两遍，并留意你的感受：

（1）我很笨，因为我爸爸很笨，我爷爷也很笨，所以我就是这么笨。

（2）我没有钱，生活很拮据，所以精打细算。

（3）我没有安全感和自信心，我觉得别人都比我优秀。

（4）我不值得拥有那些我想要的一切，因为我不够好。

（5）我感觉沮丧和内疚，因为我的思想和我的生活让我很烦，日子过得很乱。

你有什么感受呢？相信语言的力量你已经感受到了，讲消极的话让你的感觉是多么的不好，讲积极的话，让你充满力量和喜悦。

很多员工常说，我烦死了！气死我了！真要命！我今天真倒霉……我买不起！我很笨！他那么厉害，我可不行！知道吗？这样的想法和思维会吸引不好的事情持续地发生在你的身上。如果你专注于你欠缺和匮乏的事物，专注在你所没有的事物上，你就会与家人或朋友一起烦恼，一起倾诉。是时候改变自己了，静下心来，把注意力从你不想要的事物上转移到你渴望去体验的事物上，能量自然会流向注意力之所在。

内在的喜悦是成功的燃料，这一切从改变你的思想、改变你的用词开始。生命中总会有好事情发生，要学会分享这些好事情。那是宇宙给你的礼物，可以疗愈担忧、恐惧、分裂、内疚、愤怒等情绪，经由每天的分享，对自己和他人进行鼓励，就会发生更多的好事、更多的奇迹，这才是你的人生。

> **记住：**
>
> 人生最怕下错定义用错词！生命中总会有好事情发生，要学会分享这些好事情。

32. 感恩你所拥有的一切

一个伟大秘密的揭示——感恩你所拥有的一切，感恩发生在你身上的所有的事，因为凡事发生必有恩典。

感恩是宇宙运行的法则，支配着你的整个人生。如果你的脑子里都是"我不喜欢我的工作"、"我赚的钱太少"、"我找不到合适的另一半"、"我买不起我想要的东西"、"我和我的父母相处得不融洽"、"我的孩子可真让人头疼"、"我的生活一团糟"、"我的婚姻出现了问题"……这些麻烦就会被你的思想所吸引，来到你的身边。

可是，如果你心怀感恩地审视自己的生活："我喜欢我的工作"、"家人一如既往地支持我"、"我度过了一个精彩的假期"、"我今天感觉不错"、"我感谢上帝让我品尝到美味的食物"、"感恩越来越好的一切"……你的感恩之情越是强烈，就越会有更多的幸福来到你身边。

每天早上要向老天发出感恩的语句，感恩的内容包括：

（1）感恩健康。

（2）感恩你的身体。

（3）感恩金钱。

（4）感恩一切人际关系：伴侣、家人、父母和朋友。

（5）感恩激情。

（6）感恩幸福。

（7）感恩爱。

（8）感恩生命。

（9）感恩地球、空气、水和太阳，感恩大自然的一切。

（10）感恩物质产品和他人的服务。

（11）感恩你做出的任何选择。

（12）感恩工作。

（13）感恩时间。

（14）感恩祖国。

（15）感恩团体。

（16）感恩社会。

……

感恩是一股很强的能量，如果没有什么事情发生，那么就去感恩你当下所拥有的一切吧！当你这样做的时候，奇迹就会发生，总是会有好事情跟随你。

记住：

一个词改变整个世界——感恩！没有什么事情比表达感恩更重要！

33. 赞美是通往全球的通行证

赞美你周围的人，推崇你所在的企业，你也会更优秀！

案例：

有一个乞丐，沿街乞讨，渴望路人施舍。一位美女抱着一束玫瑰花路过，身上没有带钱，就顺手拿了一支玫瑰花送给了这个乞丐。乞丐接过这朵玫瑰花，越看越觉得漂亮，回到家里也舍不得扔掉，于是找了个瓶子灌满水，把花插在瓶子里。

然后，乞丐就坐在那里看，越看越觉得不对劲。这瓶子太难看、太脏了。他把玫瑰花拿出来，把瓶子刷干净，换了清水再放玫瑰，就觉得舒服点了。但是，仔细一看，他又把眉头皱了起来。桌子太脏了，于是他把桌子擦干净，坐了下来。可是地面太脏了，于是他又把地面收拾干净，可是一回头看到屋子太脏、太乱了，于是他又把屋子收拾干净。屋子收拾好了，他虽然感到有点累，但是很享受，觉得屋子很温馨。

忽然，他看到了镜子里的自己，蓬头垢面。他想："这么好的环境，这么漂亮的花，我怎么配得上呢？"于是，他立刻就去洗脸并且换了一身最干净的衣服，往镜子前一坐，周围的一切都变样了。他望着镜子里的自己说："我怎么能去要饭呢？应该去找份工作。"于是第二天他去找了份工作。

这故事听起来浪漫，但是背后也有一定的道理。一个人的改变完全可以因为一件小事而引发。在职场上，为什么不去赞美你周围的人？推崇你所在的企业？

推崇企业，你会觉得自己的企业非常出色，你会为在这个企业里工作而感到自豪。时间久了，再看企业的眼光就不同了。而你在出色的企业里工作，你一定也是优秀的。

人人都渴望被赞美，人人都追求优越感。每个人都渴望得到关注、理解和尊重，都相信得体的赞美是真实的，都渴望浪漫、快乐和幸福的感受。为什么不让你周围的气氛变好呢?

在武汉航空路的一家店里,年轻人 A 坐在里面的老板椅上看《穷爸爸,富爸爸》。一个中年人 B 走过去说:"呀! 你在看这本当今最畅销的热门书啊。我也特爱这本书。"

A 回答说:"这本书就是我的大学教材,我虽然没有上过大学,但是在社会这所大学学到的东西比从课本上学到的东西多多了。"B 继续说:"是的,你说得太好了,书里面的富爸爸就是这样的理念。一个人有怎样的认识,完全取决于他的心态与已有的智慧。从你刚才说出的话完全可以推断出,你对这本书不仅是读一遍,而且还研究得很彻底啊!"

A 回答说:"我这人不爱上学,但爱看课外书。"B 继续说:"你具备读书的天赋啊! 只是你的那些老师观念陈旧,没有发现你。我觉得你很会运用知识,你看,你这么小就开了一个如此精致的店。将来再把店面扩大,运用你从书中学到的理念去做事,你真的会很了不起。"A 开心极了,与那人交换了名片,畅谈了很久……

记住:

没有人愿意整天听到别人的指责,赞美是一种精神嘉奖!

34. 真正的爱是无条件的付出

有条件的爱是交换，真正的爱是无条件的付出。

我可以对你好，但是前提条件是你也对我好，如果你背后给我一刀，那么我也会还你一剑。这就是很多人的人际交往模式。所以，你的爱是有条件的爱，是需要交换的。然而，真正的爱是无条件的付出。

在公交车上，遇到了一个需要帮助的人，你很有爱心地给他让了个座位，也许他会说："谢谢你啊，年轻人。"当然，对方也许什么都不说，就像理所当然一样。这时候，你心里也许会掠过一丝不愉快。心想，我帮助了你，为什么连谢谢都不说呢。

当你遇到这样的人多了，就不愿意付出了。终于有一天，你在公交车上，又遇到了一位需要帮助的人。你把脸扭向窗外，装作没看见。其实，当你帮助别人的时候，当你起身让座的那一刻，你是快乐的，你就已经得到了。你得到的是付出所带来的快乐，对方有没有说谢谢都不重要。真正的爱是无条件的付出，哪怕他不说谢谢。

人们总是毫无逻辑，不讲道理，以自我为中心，但还是要爱他人。你今天所行的善事，也许明天就会被人遗忘，但还是要行善事；坦诚待人使你容易受到伤害，但还是要坦诚待人；人们喜欢无名小卒，却只追随大人物，但还是要为几个无名小卒而斗争……

其实，你与生俱来就拥有无条件的爱、全然的爱。什么是爱？爱是恒久忍耐，爱是爱人如己；爱是不轻易发怒，爱是从不嫉妒，爱是永不自夸；爱不求己益处，爱不计算人恶，爱不喜欢不义；爱是凡事包容，爱只喜欢真理；爱是凡事相信，爱是凡事盼望；爱是心存圣洁，爱是胸怀坦荡；爱人不可虚假，爱能胜过罪恶……你的爱来自宇宙，从来不曾丢失。要让自己活出真爱，让真爱流淌；要无条件地爱家人、爱朋友、爱公司……爱你生命中有缘遇到的每一个人！

记住:

　　我付出,我快乐!真正的爱是无条件的付出。

35. 投入才能收入，付出才能杰出，关怀才能开怀

越是投入工作的人越是高效。付出越多的人，机会也越多，越开心的人越关心别人，越能够使他人开心。

很多职场上的"游魂"并没有全身心地投入工作中去，而是在混日子。《士兵突击》里的马班长也曾经留下一句格言："小子，别混日子，小心日子把你给混了。"各行各业最顶尖最优秀的人都比一般人工作的时间长。研究表明，美国收入最高的前 10% 的人平均每周工作 50~60 个小时，而且他们在工作时间都会全身心地投入，绝不会浪费时间；他们绝不会在工作时间上网看新闻、闲聊天或打私人电话。可是，如今很多人都是被动地做上级要求的事情。

如果你想有所成就，就要树立自己的个人品牌。一个人一辈子能有多大的成就，取决于你留给别人的印象和别人对你的评价，而这个评价是要你自己去打造的，没有什么比高效地工作、负责任地做出结果、踏实可靠的名声、不断地付出更能使你杰出，更能让你获得加薪、升职，成为老板信赖的人。要认真对待每项工作，将其当成一次决定职业前途的考试。

一位年轻人在车行修理汽车，与他一起工作的还有其他几个员工。一天，一位车主把车开进了他们的修车行，让他们帮忙修理车子，之后车主就离开了。

年轻人主动工作，修理好车子之后把车主的车子擦得非常干净。旁边的员工都笑他："明明没有要求你干的事情，干吗让自己受累？"但是，这位年轻人只是笑了笑。其实，不到一个小时，年轻人就把车擦好了。

大约两个小时后，车主回来取车。他看到自己的车子这么干净漂亮，高兴极了，连夸这位年轻人，并且还告诉了车行老板。老板知道了，不久后就安排他当了车行的主管。

其实，年轻人获得晋升的原因再简单不过，就是他积极主动地去工作，

比别人付出更多。今天的收入是由昨天的付出所决定的，假如你想增加明天的收入，就必须增加今天的付出。

在公司里，你要对谁付出？答案是你的上级！一定要帮助他，先做他的左膀，再做他的右臂，再做他的脑袋，最终坐在他的位子上。不要跟上级对着干，你帮助他也就在帮助你自己。

上帝告诉我们：施比受更有福！懂得施舍给别人的人比接受的人更有福气。因为，在付出的那一刻就已经得到了。

在这个世界上，越是穷的人，越需要付出，越需要捐钱！对于一个穷人来说，如果不懂得付出，就会越来越穷。不要每天都想着让老板给你涨工资，当你付出足够多的时候，好结果就会主动找你。

很多人自己过得不开心，也没有什么朋友。当工作中、生活中遇到困难的时候，连个愿意帮助自己的人都没有，活在一种寂寞的孤独中。其实认真想一想，很可能是你索取的太多了。如果你觉得自己付出的太少了，就尝试着迈开步伐，去关心一下别人，如此你才会感到开心快乐，才能收到更多别人对你的关怀。

记住：

付出者就是主宰者！如果你想有所成就，就要树立自己的个人品牌。

---

36. 早睡早起多锻炼

激情来源于梦想和体能。要记得，成功者真的比别人更勤奋！如果能做到早起就已经让自己积极起来了，也注定会成为一个优秀的人。

中国人适合早睡早起，所有的长寿者也都如此！

睡眠学学者组织了两组人员在早晨和晚上进行简单的惩罚问题实验，结果证明，在早上，人们的思想集中力比晚上高得多。并且，早起的时候还会产生一种胜利感。

那么，如何才能做到早起呢？必须坚持四个原则。

第一，必须早睡并节制夜生活。有时候，笔者也想熬夜或者做一些人际交往，可是笔者会问自己："如果明天起来脸色灰暗怎么办？"这对女人来讲是很大的动力。

第二，禁止暴力地关掉闹钟，再次入睡。

第三，必须有早起的目标，如锻炼身体。

第四，坚持 21 天养成早起的习惯。

早起的鸟儿有虫吃！当人们还在熟睡的时候，你就起来做事或者运动了，那种自豪感远远超过早起本身。这一天，你就已经成功一半了！要记得，成功者真的比别人更勤奋！如果能做到早起，就已经让自己积极起来了，也注定会成为一个优秀的人。史蒂芬·柯维说："以失败开始一天的生活和以胜利开始一天的生活，其结果洞若观火。"

再来谈谈睡眠。首先，睡觉的时间长短因人而异。不过研究也表明，长睡眠时间者往往创造力比较强，例如丘吉尔、爱因斯坦，他们每天的平均睡眠时间都要超过 9 小时。而短睡眠时间者则是睡 4~6 小时也不会影响日常生活的人。成功欲望强烈的人总希望创造更多的业绩，因此短眠者比较多。其次，睡眠重在深度不在长度。睡眠学学者分析的结果显示："有些人虽然身体在睡觉，但是大脑仍然在活动、在做梦，因此属于浅睡眠状态。而有些人眼球不快速运动，大脑处于休息状态，才是深度睡眠。

进入深睡眠的方法有 5 个。

（1）心情平静地入睡。躺下后不再说话，否则越说越兴奋。

（2）抛开一天中不愉快的、郁闷的负面情绪。

（3）抛开一天中兴奋的事情。

（4）深呼吸，屏气 10 秒钟，把力量集中在两手和两腿上，然后全身放松，反复 7 次后轻松入睡。

（5）停止一切思考。

生命在于运动！坚持让自己舞动起来，不管是爬山、跑步、练瑜伽或者练习剑术，总之，做你喜欢的运动。

记住：

一个人连起床的时间都控制不了，将一事无成！

37. 专注的力量使你成功

把你的心智和你的身体坚持不懈地用在同一目标上。

事实证明，将自己的注意力放在哪里，结果就会在哪里产生。把注意力放在目标上，专注地执行，目标就一定可以达成。

美国一家大公司很注重考察应聘者专心致志的工作作风。通常在最后一关时，都由总裁亲自考核。现任经理要职的哈里斯讲述了自己当时的应聘情景。

那天面试时，公司总裁找出一篇文章对哈里斯说："请你把这篇文章一字不漏地读一遍，最好能一刻不停地读完。"说完，总裁就走出了办公室。哈里斯想：不就是读一篇文章吗？这太简单了，他深吸一口气，开始认真地读起来。

过了一会儿，一位漂亮的金发女郎款款而来。"先生，休息一会儿吧，请用茶。"她把茶杯放在桌上，冲着哈里斯微笑着。哈里斯好像没有听见似的，还在不停地读。又过了一会儿，一只可爱的小猫爬到了他的脚边，用舌头舔他的脚踝。但哈里斯只是本能地移动了一下他的脚，丝毫没有被影响，继续阅读。

很快，那位漂亮的金发女郎又飘然而至，要哈里斯帮她抱起小猫，但哈里斯依然大声地读着。文章终于读完了，总裁走进来说："那位小姐是我的秘书，她请你帮忙，你为什么没有理睬她？"哈里斯很认真地说："你要我一刻不停地读完那篇文章，我只想集中精力去读好它，这是我最后一关的考试，关系到我的前途，我不能前功尽弃，我必须专注一些。"

总裁满意地点了点头，说："小伙子，你被录取了，在你之前已经有50人参加考试，没有一个及格的。"

原来，总裁最后一关要考察的就是他的专注能力。果然，哈里斯进入公司后凭借自己的专业技能以及对工作的专注和热忱，很快就被总裁提拔为经理。

哈里斯的这个故事再一次提醒我们，如果没有专注的工作精神，就无法抓住成功的机会。

在动物界，狼是非常专注的动物。为了猎到羚羊，它们会耐心地在远处盯着，从不分心，并且它们的耐心和专注会让它们获得成功。

有一位朋友，为了练习专注的力量，专门在 25 楼的阳台上走路。最终，他突破了恐惧，练习了专注的力量，从此非常成功。他相信一句话："注意力等于事实。"当然，笔者不建议你这么做，特别是如果你有恐高症的话。如果你想尝试，在二楼即可，地上再铺一层防止自杀者跳楼的大气垫（呵呵）。

成功者最重要的两个品质就是重点突出和做事专一。这就是说，要清楚自己的目标和事情的轻重缓急，一心一意地做好一件事情，不分散注意力的焦点，约束自己，直到做完。坚持如此，你很快就能跻身行业内最有价值的人群之列。当你获得成功后，你会快乐并且觉得充满活力，自尊心会得到提升，会受到激励。这乃是成功最重要的法则之一！

记住：

　　注意力等于事实。把注意力放在目标上，专注地执行，目标就一定可以达成。

---

38. 可以平凡，不可以平庸

不怕你做的事情很平凡，就怕你连平凡的小事都做不好、做不透，那就走向了平庸。

很多人都想成功，想成就一番大事业。然而，大成功来自小成就，做不好小事，难成大事。

比利时一家杂志曾经对全国 60 岁以上的老人做了一次问卷调查，题目是：你最后悔的是什么？并列出了十几项生活中最容易后悔的事情，供被调查者选择。结果 72% 的人后悔年轻时努力不够，以至于事业无成。

一个 30 岁的人被告知患了绝症，最多只能再活三年。为了使自己最后的生命更有意义，他拟出了一份"三年要做十件事"的工作计划。其中包括：写一本书，学一门外语，搞一项发明，办一个工厂，游 30 座名山，看 50 个城市等。而且，计划做出后，立即付出行动。

在过了两年零八个月的时候，10 项目标全都完成。可是，当他再到医院复诊时却发现，是医生当时拿错了病历，自己根本没有患病。但是对这个人来说，他已经达成了人生的重要愿望。

过好每一天的秘诀就是做好每一件小事情，让自己人生无悔的秘诀就是让自己的每天都无悔！

火车站，一个扳道工正走向自己的岗位，为一列徐徐而来的火车扳动道岔。这时，在铁轨的另一头，一列火车从反方向进站。假如他不及时扳动道岔，两列火车必定相撞。

他无意中回头一看，发现儿子正在铁轨那一端玩耍，而那列开始进站的火车就行驶在这条铁轨上。是抢救儿子，还是扳动道岔——突然，他威严地向儿子喊了一声："卧倒！"同时，冲过去扳动了道岔。

眨眼工夫，火车进入了预定轨道。那一边，火车也呼啸而过。车上的旅客根本就不知道，一个小生命正卧倒在铁轨边上——火车轰鸣着驶过，孩子毫发未伤。

那一幕刚好被从此地经过的记者摄入镜头中。后来人们渐渐知道，扳道工是一个普通的人。他唯一的优点就是忠于职守，没有耽误过一秒钟。而更让人意想不到的是，他的儿子是一个弱智儿童。他还告诉记者，他曾经一遍又一遍地告诉儿子："你长大以后能干的工作非常少，但是你必须有一样是出色的。"儿子听不懂父亲的话，依然傻乎乎的，但在生命攸关的那一秒，他却扑倒了——这是他在跟父亲玩打仗游戏时，唯一能听懂，并做得非常出色的动作。

也许你认为自己很平凡，但是如果能够将自己的工作做得出色，你就不会平庸。你的价值由你自己决定，就让一切从"十不"和"十要"开始吧！

"十不"

主动工作不推脱，弥补缺陷不抱怨。

遇到困难不退缩，解决问题不拖拉。

维护正义不畏惧，对待同事不生硬。

维护环境不破坏，遵守公德不违规。

学习上进不落后，工作耐心不浮躁。

"十要"

对待工作要热情，同事之间要协作。

上下级间要交流，部门之间要配合。

行为举止要儒雅，遇到危机要冷静。

处理问题要公正，待人接物要和善。

打击丑陋要坚决，一天之始要自省。

记住：

做不好小事，难成大事！让自己人生无悔的秘诀就是让自己的每天都无悔！

---

39. 不宽容别人等于不宽容自己

当你不宽容别人的时候，你是在用别人的错误惩罚自己。

很多时候，我都会问学员：如果狗咬你一口，你会不会也去咬狗一口。回答当然是"不会"！然而，我们经常会做一些"人咬狗"的事情。不要在心中谴责别人，不要评价别人，不要因为他们的错误而责怪和憎恨他们，当你觉得别人更有价值的时候，就能发展出一个更佳的、更合适的自我意象。对别人的宽容之所以是成功型个性的体现，是因为那意味着这个人正视现实！

佛印和苏东坡是好朋友，经常在一起修禅论道，也时常打趣调侃。

有一天，打完坐后，苏东坡睁开眼睛，看到佛印坐在那里，忍不住哈哈大笑，佛印问道："东坡兄，你因何而笑啊？"苏东坡回答："你呀，该减肥了，你那么胖，坐在那里，身上的肉都坠下来了，头上光光的，又穿着黄袈裟。我真的觉得你像一堆大粪。"然后，继续哈哈大笑。佛印说："我睁开眼睛，看到你在哈哈大笑，我对你也好有一比，我觉得你活像一尊笑佛。"

回到家，苏东坡得意地和小妹说起了这件事，并以为他占了佛印的便宜。谁知，小妹眨眨眼睛对苏东坡说："哥哥，这一次还是你输了，佛印心中有佛，睁开眼睛看人就像佛。而你心中有大粪，睁开眼睛看人才像大粪。你的境界远远不如佛印！"苏东坡惊愕。

别人对你的态度，是你的一面镜子！心中有佛，看人就像佛！不宽容别人，等于不宽容自己！你看到别人的问题，实际上是你自己的问题。如果你不自私，是看不到别人自私的，应该学会包容，让心胸宽如大海。

学会宽容，不仅有益于身心健康，而且还能让你赢得友谊，保持家庭和睦、婚姻美满，乃至取得事业的成功。因此，在日常生活中，无论是对子女、配偶、老人、学生，还是对领导、同事、顾客、病人等，都要有一颗宽容的爱心。

当然，这里的宽容绝不是无原则的宽大无边，而是建立在自信、助人和有益于社会的基础上的适度宽大，必须遵循法制和道德规范。对于绝大多数可以教育好的人，宜采取宽恕和约束相结合的方法；对那些蛮横无理和屡教不改的人，则不应手软。从这一意义上说，"大事讲原则，小事讲风格"乃是应取的态度。

　　人的一生如此短暂，学会宽容，你的人生也会更快乐。雨果曾说过："世界上最宽阔的是海洋，比海洋宽阔的是天空，比天空更宽阔的是人的胸怀。"

> **记住：**
>
> 　　心宽一寸，受益十分。让一分为高，宽一分是福！有容乃大，学会不念旧恶；敞开心怀，让阳光扫去是非。宽恕别人才能使自己轻松，化敌为友，多为自己开条路！

40. 快乐地去拥有，而不是拥有了才快乐

快乐不是你拥有多少，而是你计较多少。

美国某调查机构在调查一个人快不快乐时，在不同时间问同一个人同样的三个问题："你在哪里？你感觉怎么样？你想去哪里？"在对杰克进行调查的时候，发生了这样一件事。

上班时间。工作人员打来电话问："你在哪里？"杰克回答说："在上班！"工作人员问："你感觉怎么样？"杰克回答说："烦死了，一大堆的工作，做也做不完！"工作人员继续问："那你想去哪里呢？""我想去和朋友喝酒。"杰克回答说。

晚饭时间。工作人员打来电话问："你在哪里？"杰克回答说："在和朋友喝酒。"工作人员又问："你感觉怎么样？"杰克回答说："烦死了，朋友和我讲了一堆烦心事。他工作不顺利，家庭婚姻出现问题，我本来就很烦，听了他的状况就更烦了。"工作人员继续问："那你想去哪里呢？"杰克回答说："我想和老婆在一起，想回家。"

晚上。工作人员打来电话问："你在哪里？"杰克回答说："当然是在家了。"工作人员又问："你感觉怎么样？"杰克回答说："哎！别提了，刚和老婆吵了一架，她不理解我，怪我回来得晚，家务做得少，不够体贴。这不，连我送她的手表也摔坏了。"工作人员继续问："那你想去哪里呢？"杰克回答说："这么晚了，我还能去哪，明天早点起来，我想早点去上班。"转了一圈又回到了起点，上班。

活在当下，当下就要快乐！烦恼可以让一个人的意志变得狭窄，降低一个人的判断力和理解力，甚至还会让一个人丧失理智和自制力，瓦解其正常的行为。烦恼不仅会让我们的心灵饱受煎熬，还会摧毁我们的机体。所以，应明确自己的定位，消除自身的烦恼，时刻保持快乐的心态。

一位畅销书的作者和太太打算去看尼亚加拉大瀑布，他们出发了。可是，

由于车子开了很久，坐在驾驶位置的作者感到有些疲惫。前面有个岔路口，没有路标。作者认为应该走左边，太太认为应该走右边。最终，作者听太太的话走了右边，结果走了一段之后，发现走错了。作者就开始抱怨太太，明明不知道路线偏要乱指挥，如果按照他的方向就不会错。太太也不高兴了，方向盘明明在你的手里，这也是你的选择。

两人情绪冲动地大声争吵，然后太太又想起了以往很多不愉快的事情，越吵越激烈。忽然，他们看到了瀑布，原来已经到了！作者生气地说："瀑布到了，下车去看！"太太则愤恨地说："没心情，开车回去！"作者傻了！

情绪平息以后，作者总结出一个真理："过程不快乐，达成结果也不会快乐。"

快乐不是别人给的，而是来自自己内心的感受。不同的人对同一件事有不同的心态，会产生不同的结果。幸福快乐的秘密在每个人的心中，每个人都具备使自己幸福快乐的资源，只不过许多人没有把这些"幸福快乐的资源"运用好，因而感到不快乐。

快乐是一种角度，要学会给心灵松绑。工作是自我价值的体现，工作可以给你带来快乐。所以，换工作不如换心态！

> **记住：**
>
> 烦恼不仅会让我们的心灵饱受煎熬，还会摧毁我们的机体。过程不快乐，达成结果也不会快乐！

41. 沟通从"心"开始

懂得谈心，沟通就无障碍。

美国加利福尼亚州立大学研究发现：来自领导层的信息只有 20%～30% 会被下级知道并正确理解；从下到上反馈的信息只有不超过 10% 能被知道和正确理解；而平行交流的效率则可达到 90% 以上。

为了显示自己对部下生活的关心，巴顿将军搞了一次参观士兵食堂的突然袭击。

在食堂里，他看见两个士兵站在一个大汤锅前。

"让我尝尝这汤！"巴顿将军向士兵命令道。

"可是，将军……"士兵正准备解释。

"没什么'可是'，给我勺子！"巴顿将军拿过勺子喝了一大口，怒斥道："太不像话了，怎么能给战士喝这个？这简直就是刷锅水！"

"我正想告诉您这是刷锅水，没想到您已经尝出来了。"士兵答道。

其实，如果巴顿能够在品尝之前和士兵简单交流一下，也不会发生上面的事情了。

在日常的沟通行为中，经常会因一些"意外"而使沟通无法实现，甚至出现相反的效果。实现有效沟通的障碍主要有：个人原因、人际原因、结构原因、人为障碍等。其中，人为障碍包括：高高在上、自以为是、先入为主、不善于倾听、缺乏反馈、沟通的位差损耗效应等。

战国时期，有位大音乐家叫公明仪，他能作曲也能演奏。他很擅长弹七弦琴，弹的曲子优美动听，很多人都喜欢听他弹琴，人们都很敬重他。

有一天，他来到郊外，春风徐徐地吹着，垂柳轻轻地动着，一头黄牛正在草地上低头吃草。公明仪一时兴起，摆上琴，拨动琴弦，就给这头牛弹起了最高雅的乐曲——《清角之操》。可是，老黄牛却无动于衷，仍然低头一个劲地吃草。公明仪想，这支曲子可能太高雅了，该换个曲调，弹弹小曲。

但老黄牛仍然毫无反应，继续悠闲地吃草。

公明仪拿出自己的全部本领，弹奏最拿手的曲子。老黄牛偶尔甩甩尾巴，赶走牛虻，仍然低头闷不吱声地吃草。最终，老黄牛慢悠悠地走了，换个地方去吃草。

公明仪见老黄牛始终无动于衷，很失望。可是，人们却对他说："不要生气了！不是你弹的曲子不好听，是你弹的曲子不对牛的耳朵啊！"公明仪叹口气，抱琴回去了。

生活中，我们经常会用"对牛弹琴"来讥笑接收信息的人弄不懂发送信息的人的意思。

对牛弹琴，牛不明白。谁之错？显然是弹琴之人。若想实现对牛弹琴，首先要会讲"牛语"。在执行当中，面对听不懂的下属，我们也要学会"牛语"。否则，下属怎么能执行好？企业执行力不好，最大的问题在于沟通；没搞清楚事情的来龙去脉就开始执行了，怎么能将事情做好？

要想让下属立即行动，首先就要了解下属。因此，用下属容易接受的方式与之沟通，才是上策。企业是员工施展才华的舞台，更是联系紧密的组织，员工都是组织系统中的一个"零件"，如何保证每个"零件"的高效运转，沟通就起到了"润滑油"的关键作用。

在军队的管理中，班长每个星期都要找两位战士私下谈心，心谈透了，训练就积极了。沟通从"心"开始，要让一切沟通都无障碍。

人与人之间是相亲相爱的，不是一家人，不进一家门，人与人之间有什么话不能说呢？

记住：
    没搞清楚事情的来龙去脉就开始执行，怎么能将事情做好？懂得谈心，沟通就无障碍！

42. 相信自己，相信团队，相信公司，相信产品

无论你认为你能或者不能，你都是对的，问题是你相信什么，就会得到什么。

一个人能成功是因为他相信自己能成功，一个人会失败是因为他认为自己做不到。

一个学员问我："高老师，我没有自信心该怎么办啊？"我说："不会啊！我觉得你很自信啊。"她继续问："哦！你不知道，我真的没有自信。"我说："你是那么自信，关于你的不自信，那也是一种自信，你没发现吗？"

不管你在什么岗位工作，都要拥有自信。充满自信的人永远都不会被击倒！客户问，你的产品怎么样？如果销售人员没有自信地回答："我也不太清楚，应该还不错。"笔者想，客户一定不会购买，因为销售是信心的传递和情绪的转移，如果自己都不相信自己，任何产品都卖不掉。

笔者曾在深圳的一家家具卖场为客户提供了一个月的帮助。那时候，笔者和导购员一起卖家具。该公司最顶尖的销售冠军非常自信，当客户询问沙发质量的时候，她会用手拍着沙发，超级自信且语气坚定地说："阿姨，您放心，如果沙发有质量问题，我个人赔您一个！"顾客在她自信的状态下，自然会坚定购买的信心。

自信既然如此重要，那么，有没有什么方法能建立自信呢？

坚定自己要提高自信心的信念，并且，坚信自己可以做到拥有自信。

进行自我暗示、自我确认的训练，首次要用一天的时间，找一个没人的房间，脑袋里什么都不想。只能大喊一句话："我是全世界最有自信心的人⋯⋯"一直喊一整天，建立一个巅峰状态的心锚。从第二天开始，每天进行 15 分钟的自我确认，对自己喊："我是全世界最有自信心的人⋯⋯"如此，你就变得自信了。

（1）不管开任何会议，都坐在前面，正视别人的眼睛。

（2）没有自信的时候，装成有自信的样子，装久了也就有自信了。

（3）做自己以前很害怕做的事情，可以建立自信。

（4）相信自己是独一无二的，达成一个又一个目标，可以帮助你建立自信。

（5）相信团队！一个人单打独斗的时代已经过去，我们需要团队。一个人的成功不是成功，团队的成功才是真正意义上的成功。

相信公司，进了公司的门，就是公司的人。

新娘过门当天，发现新郎家有老鼠，咯咯笑道："你们家居然有老鼠！"第二天早上，新郎被一阵追打声吵醒，听见新娘在喊："死老鼠，打死你，打死你，居然敢偷我们家的米吃！"

这个故事的关键词在于"你们家"和"我们家"。仔细想想，我们不但要相信公司，更要与公司同舟共济。在波澜壮阔的市场海洋里，企业就像一条船。若没有了企业这条船，船上所有人都无法生存。无论是老板还是员工，一旦上了这条船，命运就联系在一起了。每个人都要对公司有信心，相信公司，爱护公司，努力和公司一起驶向成功的彼岸。

好孩子童车的生产车间，领导提出了一个奖励方案，要从所有的车子中抽奖，发放给员工。于是，所有的员工都非常认真，所有童车的质量都合格。因为员工们都想着，说不定这一辆就是我的奖品，就是给我自己的孩子坐的。从那以后，产品的合格率极高，员工相信每辆车都是为自己的孩子生产的。

相信产品指的是，你要坚信你的产品物超所值。最好的方法是，没有员工价。当你用原价购买的时候就会发现，你是非常不愿意给顾客打折的，因为你都是原价购买的。

相信产品，爱产品！成功不取决于你的年龄、学历、出身、背景，也不取决于你的长相，而是取决于你爱产品的程度……销售人员应该记住自己产品最重要的五个核心特色，了解其能够给客户带来什么样的好处和利益，找出顾客购买的关键点，反复刺激顾客购买的关键点。了解顾客想通过你的产品解决什么问题。了解谁对你的顾客有很大的影响力，最好能在你有影响力的老顾客当中挖掘到能影响顾客的人。最好至少了解三个客户不购买你产品的理由，一个一个地解决掉。而这一切成功的前提是你要相信产品，相信产品的价值。

　　只有热爱产品，才能把产品销售出去，才能在生产过程中全力付出！

记住：

　　"相信"是最伟大的力量！

43. 成功取决于一个决定

我一定要达成这个目标，不是想想而已，不是为环境、能力所限，而是决心。成功取决于一个决定，只有你自己才能做出这个决定，没有人能够帮到你。

苏格拉底曾经对一位求学者说："要想向我学知识，你必须有强烈的成功欲望，就像你有强烈的求生欲望一样。"追求成功亦是如此！要想达成目标，必须先有强烈的成功欲望，就像我们强烈的求生欲望一样。为什么不敢做决定呢？因为怕失败。与其生活在担忧里，不如放手一搏。

15 年前，笔者体验到了"决心"的重要性。当时，笔者决定在哈尔滨举办陈安之老师的研讨会。当年，陈安之老师的演讲费是 16 万元一天，而笔者大学还没有毕业，20 岁出头，一没有人脉，二没有资金。怎么办？笔者唯一有的就是强大的"决心"——笔者一定要举办陈老师的演讲会！

笔者觉得，陈老师的演讲很棒。在笔者的概念里，只要是人，都应当去听一次他的演讲。于是，笔者开始想各种办法，找人合作，很多人感兴趣，但是一听说一天需要 16 万元，又都退缩了。

笔者继续拜访，最后终于找到了合作者薛老师，并且借助他的力量和人脉，联合了当地最有名的媒体作为主办单位。之后，我们找了十多位老师来推广。2001 年 9 月 12 日，在松花江边的一个大酒店里，我们成功地举办了陈安之的研讨会。

那是笔者人生的第一次成功！

成功是因为先有决心，然后再去找方法，没有决心，将一事无成。以笔者为例，如果没有最初的决心，就没有合作伙伴的出现，就没有媒体的主办，就没有十多位老师的推广，更没有 900 多人的研讨会的成功举办。

李阿彩是深圳某贸易公司的研发人员，因为业绩突出被调到市场部。公司马上就有一个新产品上市，她负责策划一场媒体说明会。这对她来说，是破天荒头一回。尽管如此，她还是迎接挑战，认真准备，从会议选址、嘉宾邀约到拟定媒体名单、制定会议流程、准备发言内容……会议一天天逼近，她越来越感觉到恐惧和惊慌。

她平复好自己的情绪，把容易出错的问题流程化、细节化，认真和同事进行演练。结果媒体会如期召开，人数爆满，会议流程顺畅，领导对她非常满意。她获得了成功，取得了经验。她同样体验到，恐惧是没有用的，下定决心，抓好细节，大胆行动就能成功。

易发九老师总结的一个公式，笔者非常认可：

100%的成功 = 100%的意愿 × 100%的方法 × 100%的行动

成功的简化公式是：

100%的成功 = 100%的意愿

如果一个人的意愿是100%，那么他一定会想100%的方法去保证目标的实现，一定会采取100%的行动。

老板给你设置了一个目标，不要和老板讨价还价。还没有尝试，就认为自己达不成，结果就会真的达不成了；相反，只要下定决心，想尽一切办法，就可以达成。如果你对老板说："老板，我有信心去完成它，我会想尽一切办法的。"这时，你的潜能就会得到提升，公司也会得到发展，何乐而不为？

> 记住：
>
> 成功是因为先有决心，然后再去找方法，没有决心，将一事无成。决心第一，成败第二！

44. 不断想象目标实现的画面

要实现目标先改变你的潜意识。

很多人的脑袋里装的都是负面的东西。如果你是一个销售人员，决定去拜访客户，头脑中的情形是怎样的呢？离开公司，去见客户的路上，销售人员的头脑里想的都是我们公司的产品不行，客户万一不买咋办？竞争对手公司的产品比我们的好。然后，他会想着过去失败的销售画面：上个月的张总本来想向我们下订单的，结果被竞争对手抢去了，这次会不会和上个月的张总一样呢？然后，他的头脑中就会闪现出无法签单、被竞争对手抢走了客户的画面。结果，拜访李总的时候，果然就出现了那一幕……这就是强大的负面信念带来的结果！

正确的方法是什么呢？让自己想点好事吧！你所期待的目标达成的画面。

（1）复习产品和公司的优点，写在卡片上。

（2）复习对手的缺点。

（3）复习过去成交客户的好的画面。

（4）设想一下客户将会购买的良好画面。

（5）拟出一个期望达成某结果的叙述句。例如，李总一定会和我签约。

（6）闭上眼睛深深地吐气，放松自己并微笑，去感受成功以及随之而来的满足感，然后睁开眼睛。

人有意识和潜意识，一般人学习的时候，都是运用意识的力量，然而世界潜能大师博恩崔西曾经说过："潜意识的力量比意识大三万倍以上。"实现任何希望，都需要改变潜意识。

运用潜意识的第一个方法是：不断地想象，改变自我内在的影像和画面；第二个方法是：不断进行自我暗示。当你想要实现一个目标的时候，就重复不断地黏着它。

假如你想成功，就念"我一定会成功"。

假如你想赚钱，你就念"我很有钱，我很有钱"。

假如你想让自己的业绩提升，就不断地念："我的业绩一定会提升。"

假如你想存钱，就不断地念："我很会存钱。"

……

反复练习、反复输入，你的潜意识就可以接受这样的指令，所有的思想和行为都会配合这样的一个想法，朝着你的目标前进，直到达成目标。

很多人试了这个方法，可是觉得没效果，为什么？因为他们重复的次数不够多。影响一个人潜意识的关键，就是不断地重复，不断地重复。随时随地不断确认你的目标，不断地想着目标、实践目标，你的目标就一定会实现。

> **记住：**
>
> 大量地自我确认，大量地想象，你的目标一定可以实现！

45. 我是一切问题的根源

想改变世界、改变别人之前，请先改变自己。

老鹰是世界上寿命最长的鸟类，寿命可达 70 岁，可谓高寿。可是，要想活那么长的寿命，在 40 岁时它们必须做一个困难却又十分重要的决定。

当老鹰活到 40 岁时，锋利的爪子就会开始老化，无法有效地捕捉猎物；喙会变得又长又弯，几乎碰到胸膛，不再像昔日那般灵活；翅膀开始变得十分沉重，飞翔十分吃力，昨日雄风不再。这时候，它们面临两种选择：一种是等死，另一种是"修炼"。它们必须费尽全力飞到一个绝高山顶，筑巢于悬崖之上，停留在那里，过一段苦行僧般的生活。

首先，老鹰会用喙使劲地击打岩石。这个过程十分痛苦，会反复流血。但它有着强烈的再展雄姿的意志，即使再痛再苦，也会坚持到底，直至它的喙完全脱落。然后，老鹰会静静地等候新喙长出来。

新喙长出来后，老鹰会用它把脚指甲一根一根地拔出来；当新的脚指甲长出后，老鹰再用它们把那些沉重的羽毛一根一根拔掉。可以想象，拔指甲和羽毛是什么感觉？

经过这样的自我"修炼"，5 个月后，新羽毛就会长出，老鹰一生一次"脱胎换骨"的工程便告结束。之后，无限广阔的大地，就会再次成为老鹰的天堂。"重生"后，老鹰的寿命可以再添 30 年！

想想自己，很多主管和老员工经常会指责公司的问题、员工的问题，就是看不到自己的问题。工作 10 年以上的人，更要拥有自我反省、自我革新的勇气，需要有"再生"的决心。

很多人都在怨天尤人，抱怨国家、抱怨政府、抱怨社会、抱怨他人。当你抱怨国家的时候，有没有想过，你身体力行地为国家做过些什么呢？

我们总是抱怨另一半不够好，可是要知道，优秀的男人是优秀的女人教出来的，优秀的女人背后也一定有一位智慧的男人。

不要抱怨对方、指责对方，我是一切问题的根源！与其抱怨，不如直面现实！

记住：
与其抱怨，不如改变，一切从我做起！

46. 不是不可能，一切皆有可能

不是不可能，只是暂时还没有找到方法，赶快找方法才是当下要做的。

遇到挑战的时候，很多人都会说："不可能。"正确吗？一个人之所以会裹足不前，是因为自我设限，认为自己不行。可是，连试都没试，怎么知道做不到？

在过去，人们认为水不可以倒流，可是后来却有了抽水机，水是可以倒流的；以前，人们认为人类不可能像鸟一样在天空飞翔，可是后来有了飞机，人是可以在空中飞翔的；当第一列火车刚被发明出来时，人们认为火车跑得比马快是不可能的，还举行了火车与马的比赛……

不是不可能，只是暂时还没有找到方法，只要找到方法，一切皆有可能！所以，赶快找方法是当下最重要的。

请不要自我设限！拿破仑·希尔说："在谈话中不提它，想法中排除它，态度中去掉它，不再为它提供理由，不再为它寻找借口，把'不可能'三个字和这个观念永远地抛弃，并用光辉灿烂的'可能'来替代它。"首先坚信"我能，我可以"，其次去尝试、尝试、再尝试，最后发现"我真的可以"。

1975 年，美国网球教练添·高威宣称，自己找到了一个不用"教"就可以让任何人在 20 分钟内学会打网球的办法。当时引起了很多人的质疑。

美国 ABC 电视台以"质疑者"的身份组织了一次现场实验，他们给添·高威出了一道难题：组织 20 个从来没有打过网球的人，要求添·高威在 20 分钟内教会他们，并现场计时。其中一位叫莫莉的女人，竟然穿了一条像木桶一样的长裙！170 磅的她，已有多年不运动了，笨重的身体连行动都不方便。结果，她成为第一个被教的对象。所有的人都幸灾乐祸地看着添·高威。

添·高威站在莫莉面前，告诉她不要去担心姿势和步伐的对错，不要一副竭尽全力的样子。很简单，当球飞过来时，用球拍去接即可。接中了就说："击中了！"如果球落到了地上，就说："弹回！"在练习过程中，添·高威还告诉莫莉，留意球飞来的弧线，玲听球的声音，把焦点集中在球上。慢慢地，莫莉击中的次数多了，弹回的时候少了。

在最后三分钟的时间里，添·高威开始教莫莉网球中最难的部分——发球。添·高威对她说："想想你是怎么跳舞的，哼着音乐也可以。闭上眼睛，想象跳舞的样子。然后睁开眼睛，随着这种节奏发球就可以了！"奇迹出现了——在最后一分钟里，穿着窄裙的莫莉在场上跑来跑去，虽然很不方便，但却能自如地打网球了！

这一结果出乎所有人的意料。

坚信"不是不可能，一切皆有可能"的人，一般都拥有良好的心态。他们相信暴风雨是阳光明媚的前奏，能够控制自己的情绪；他们的目光总是集中在正面的事物上，能够挖掘出自己的潜能；他们能够创造奇迹，因为他们的信念会让整个世界都帮助他们！

> **记住：**
>
> 越是不可能，越是有可能，办法总比困难多！

47. 我是我认为的我

我是我认为的我，我们是我们认为的我们。

自我心像决定信念，信念决定态度，态度决定行为，行为决定结果。要想出现好的结果，就要先让行为变得更好；要想让行为变得更好，就要先让态度变得更好；要想让态度变得更好，就要先让信念变得更好；要想让信念变得更好，就要先选择更好的自我心像。心理学家的伟大发现就是：通过不断地想象，成为自己想象中的人物。在自己的心目中，你认为自己是什么，最终你就会是什么；我是我认为的我，我们是我们认为的我们！

在参加笔者的精英团队培训和中高层管理培训之前，小陈是某企业的员工，工作积极上进，业绩也不错。老板想让他做主管，但是他认为自己不行，老板就出学费让他来上笔者的课。

小陈学完之后，很有感悟，他觉得自己是有潜力、有能力的，为什么不大胆地去尝试呢？回去之后，他便接受了老板的提拔，做了一名主管。后来，他打电话告诉笔者，他做得还不错。他还说："之前，我认为自己没有领导力，通过听课我学到了一个观念，就是，我是我认为的我！"

小陈的突破在于，他改变了自我心像和信念，行为和结果也就变了。

小时候，小高和小张一起玩角色扮演的游戏。小高对小张说："我以后想当一名很棒的老师，所以我扮演老师。你以后想当什么？"小张说："我不知道，随便什么都行。"于是，在游戏中小高只扮演老师，小张就一会儿扮演学生，一会儿扮演家长，一会儿扮演拖把。

长大后，小高在"我要成为一名老师"这一自我期望的指引下考上了师范大学，后来通过自己的努力果然成为了一位名师。而小张则一直是无所谓的态度，一直换工作，他的态度是"干什么都行，能赚钱就好"。

只有当一个人对自己有所期望的时候，他的行动才会有动力和方向，才会对自己充满信心，才会拥有为了抵达目的而持之以恒的信念和积极的人生态度。只想"混日子"的人，遇到困难就容易放弃。

小时候，笔者家里的经济条件一直都很拮据。有一次放学后，透过门缝，笔者听到了父母的对话。爸爸说："两个女儿长大了，早晚都要嫁人的，不如让他们不要读书了，帮着家里做些生意，供弟弟上学。"妈妈坚决反对："女孩子就不读书了？我这辈子砸锅卖铁也一定要供三个孩子读大学。"听到他们这样说，笔者在门外默默地流泪，更加珍惜读书的机会，也暗自下决心："一定要成功！我一定可以做到。"正是在这样的信念驱使下，笔者从遥远的哈尔滨来到了深圳，成立了自己的培训公司。

我是我认为的我，我们是我们认为的我们！强烈的愿望一旦产生，很快就会转变成信念。美国著名的发明家爱迪生的座右铭是："我探求人类需要什么，然后我就迈步向前，努力去把它发明出来。"可见，自我期望对一个人的信念的影响有多大！一个团队之所以能够创造出奇迹，是因为所有人都相信目标可以达成。

> **记住：**
> 只有当一个人对自己有所期望时，他的行动才会有动力和方向！

48. 山不过来，我就过去

改变了思维就改变了人生。

有位大师，用几十年的时间练就了一身的"移山大法"。一天，他要当众表演移山——把广场对面那座山移过来，消息很快就传开了。第二天，广场上黑压压地挤满了人，大家都翘首期待着大师的表演。

穿戴整齐的大师面对广场对面的大山，口中念念有词："山过来，山过来……"可是，一上午的时间过去了，还是没有什么变化，有些人沉不住气了。这时候，大师问："山过来没有？"台下有人说："大师，山好像过来一点点了。"也有人说："山没有过来呀！"众说纷纭，没有清晰的答案。台下乱成了一锅粥，有人认为一点意思都没有，有人认为大师是个骗子，有人开始离去……

大师不理会他们，口中依然念念有词："山过来，山过来……"转眼之间，一下午的时间也过去了。黄昏时分，大师用嘶哑的声音问："山过来没有？"台下的人异口同声地说："大师，山没有过来。"这时候，大师说："山没有过来，怎么办呢？那只好我过去了。"大师说完，就朝对面的山走去，台下的人们也跟了过去。

来到山前，大师又用嘶哑的声音问台下的人们："山有没有过来？"人们鸦雀无声。大师说："我用了几十年的时间和精力来修炼移山大法，然后用了一整天的时间，用尽了全身的法力去移山，山都没有过来。怎么办？唯一的办法就是我过去。这就是我用几十年时间练就的移山大法！"

人们恍然大悟！

在这个世界上没有"移山大法"，当事情无法改变的时候，只有改变自己，改变自己的思维！

（1）封闭思维向开放思维转变。

（2）静态思维向动态思维转变。

（3）教条思维向实践思维转变。

（4）一元思维向多元思维转变。

（5）单向思维向多向思维转变。

（6）感性思维向理性思维转变。

（7）被动思维向主动思维转变。

（8）局部思维向整体思维转变。

（9）求同思维向求异思维转变。

（10）常规思维向超常思维转变。

一位心理学家曾经组织一些人做过这样一个测试题：

种下 4 棵树，使每两棵树之间的距离都相等。参加测试的人们在纸上画了一个又一个的几何图形：正方形、菱形、梯形……然而，无论如何也达不到要求。最后心理学家公布了答案：把一棵树种在高地上——只要四棵树能构成一个正四面体，就符合题意要求。因为人们局限在平面思维上，所以找不到答案。只要使用多元思维，从立体几何的角度来考虑，答案就有了。

员工在工作中总会遇到问题，山不过来，我就过去。改变一种思维方式就改变了事件结果，变换一种思维就变换了世界！

记住：

没有过不去的山！思路决定出路，格局决定结局！

49. 每天进步一点点

成功不是加法思维，而是乘法定律；每天坚持进步 1%，其结果将会是几何效应的倍增。

西塔发明了国际象棋，国王十分高兴，决定要重赏西塔，西塔说："我不要您的重赏，您只要在我的棋盘上赏一些麦子就行了。在棋盘的第一个格子里放 1 粒，在第二个格子里放 2 粒，在第三个格子里放 4 粒，在第四个格子里放 8 粒……以此类推，每个格子里放的麦粒数都是前一个格子里放的麦粒数的 2 倍，直到放满 64 个格子就行了。"

区区小数，几粒麦子，这有何难？"来人！"国王令人如数付给西塔。计数麦粒的工作开始了，第一格内放 1 粒，第二格内放 2 粒，第三格内放 4 粒……还没有到第二十格，一袋麦子就已经空了。

一袋又一袋的麦子被扛到国王面前。但是，麦粒数一格接一格地飞快增长着，国王很快就看出，即使拿出全国的粮食，也兑现不了他对西塔的诺言。原来，所需麦粒总数为：18446744073709551615 粒。

这些麦子究竟有多少？打个比方，如果造一个仓库来放这些麦子，仓库高 4 米，宽 10 米，那么仓库的长度就等于地球到太阳的距离的两倍。而要生产这么多的麦子，全世界需要两千年。尽管国家非常富有，但这么多麦子，国王是无论如何也拿不出来的。这样，国王就欠了西塔好大一笔债。

假如你有 12 名员工，能够完成本职工作要求的员工，你给他的评分值是 1，每天比工作要求都做得差一点的员工的评分值是 0.9，每天都比工作要求做得好一点的员工的评分值是 1.1，请分别计算三种情况下 12 名员工相乘的结果。

(1) $0.9 \times 0.9 \times \cdots \times 0.9 \approx 0.2824295$（每名员工的工作都打 9 折）

(2) $1 \times 1 \times 1 \times \cdots \times 1 = 1$（每名员工都不折不扣地做好自己的本职工作）

(3) $1.1 \times 1.1 \times \cdots \times 1.1 \approx 3.1384284$（每名员工都做得更好一点）

答案是 3 倍，每天都做得差一点，业绩将下滑 3 倍。每天都做得好一点，业绩就会提升 3 倍。达成目标的奥秘就是坚持不懈地进取。记住，要想获得成功，就用以下十点来改变态度：

嘴巴甜一点，脑筋活一点。

行动快一点，效率高一点。

做事多一点，理由少一点。

胆量大一点，脾气小一点。

说话轻一点，微笑露一点。

记住，获取成功的要点就是每天都要有收获，要想做到这一点，必须做到的是荀子《劝学》中的一段话：

积土成山，风雨兴焉；积水成渊，蛟龙生焉；积善成德，而神明自得，圣心备焉。故不积跬步，无以至千里；不积小流，无以成江海。骐骥一跃，不能十步；驽马十驾，功在不舍。锲而舍之，朽木不折；锲而不舍，金石可镂。

进步不等于成功！成功是一个漫长的积累过程，每天改变一点点，每天坚持一点点，每天进步一点点，当量变积累到一定程度后，就会发生质变。

记住：

　　每天进步必定成功，然而进步需要耐心！

50. 消极的心态是慢性毒药

消极的心态产生消极的情绪，消极的情绪产生身体上的疾病。

根据世界卫生组织对健康的定义可知，健康是一种身体、精神和社会上的完美状态，即健康包括身体健康、心理健康。现代人对健康的重视程度不言而喻，各种运动锻炼、养生食疗，外加大把的保健品！然而，在人们普遍注重身体健康的同时，心理健康也是不容忽视的！

笑一笑，十年少；愁一愁，白了头！这句话就说明了消极情绪对人的不良影响。

现代医学认为，对人体健康不利的一切因素中，危害最大的是恶劣的心理状态。著名的生物学家巴甫洛夫通过大量的科学研究也发现，不良的心态会影响身体各部分的生理机能，从而导致许多严重的疾病。而近年来，发达国家尤为重视"感情势能"，即心理上受到的外界刺激一定要与承受力保持平稳。因为感情的激升或失落会使人处于失调状态，造成"感情势能"，其潜在的能量超过一定限度时，就会造成生理代谢紊乱。

消极心态有以下几种类型：

（1）愤世嫉俗，认为人性丑恶，缺乏人和。

（2）没有目标、缺乏动力，生活浑浑噩噩，犹如大海漂舟。

（3）缺乏恒心，不晓自律，懒散不振，喜欢找借口来逃避责任。

（4）心存侥幸，幻想发财，不愿意付出，只求不劳而获。

（5）固执已见，自卑懦弱，自我退缩，不敢相信自己的潜能，不肯相信自己的智慧。

（6）或挥霍无度，或吝啬贪婪，对金钱没有中肯的看法。

（7）自大虚荣，清高傲慢，喜欢操纵别人，喜欢权力游戏，不能与人分享。

（8）虚伪奸诈，不守信用，以欺骗他人为能事，以蒙蔽别人为雅好。

千万别小看这九种消极心态，它会限制你的潜能，将你的生活、事业搅得一塌糊涂。

保持积极良好的心态，是健康人生的关键！生活中，每个人都难免会生病。有的人得了一点小病就感到十分紧张，到处寻医求药，结果病情反而加重了；相反，有的人得了重病却没有惊慌，而是坦然面对，在治疗的过程中照常活动，结果病情得到缓解甚至痊愈。

病人病情的好转或治愈正是因为他们接近了具有积极心态的人。如果医生适当地运用积极心态，就可以拯救更多人的生命；如果病人身边的朋友是一群心态积极的人，便可以激发患者战胜疾病的勇气。在精神上保持良好的状态，保障机体功能的正常发挥，达到防病健身、延年益寿的目的。

记住：

　　不良的心态会影响身体各部分的生理机能，从而导致许多严重的疾病。制造好心情，创造好情绪！

---

51. 积极而不心急

发火是无能的表现，当你没有能力处理事情时，就容易发火。

很多人都想把工作做好，都想追求成功，他们很卖力，也很心急。做了这么多，为什么还没有成功？设立的目标，为什么还没有达成？一想到这些，就会乱了手脚。有的人则会对家人发脾气，搞得鸡犬不宁。当你这样想的时候，行动力就会欠缺，心中只剩下急躁的情绪，业绩自然就会下滑，变得不理想了。

在"快"和"稳"之间，一定要先选择先稳后快，积极而不心急。人生不是短跑而是马拉松，所以稳了之后会自动快起来。发火是无能的表现，当你没有能力处理时，就容易发火。那你确实没有能力处理吗？当然不是！

那么，如何才能克服心里焦急、容易发脾气的情绪习惯呢？

小刘以前遇到事情的时候很容易着急，他总结后发现，是父母的娇生惯养使得他不顺心就发脾气。他想让自己改掉这一毛病，可是想过很多办法都没用，生气的时候全忘记了。

后来，他在一本书上找到了答案：当你想说不好听的话时，试着闭嘴不说话，只要一次成功，你就胜利了！他尝试着做了，结果成功了，因此，他现在已经改变了很多。不仅和老婆之间的感情变好了，同事之间也更团结了。

发火能够让一切变得更好吗？当然不会，相反会让一切变得更糟糕！和另一半吵架，伤害两人的关系，是你想要的结果吗？和同事争吵，伤害同事之间的友情，是你想要的结果吗？和客户吵架，伤害客户，伤害公司利益，伤害自己，是你想要的结果吗？……反复问自己这样的问题，你就会立刻改变自己。

记住：
   问自己好的问题、对的问题，人生的结果就会改变！

52. 对上级负责是管理的基本原则

别抱怨公司为你做得少，首先问自己能为公司做什么？

有些员工自认清高、眼高手低，总是觉得自己在被老板剥削，在替别人卖命，是别人赚钱的工具。有些员工总是感叹自己才高八斗、学富五车却得不到老板的赏识，经常在私底下抱怨：可惜了我这匹千里马，无奈却没有识才的伯乐！

其实，这种抱怨的理由是不充分的，与其抱怨不如改变！公司就像机器，每个员工就是机器上的零件，对机器而言，每个员工都很重要。不要用谴责而要用负责任的眼光去对待公司、对待老板。

在 IBM 公司，每个员工都有一种意识——我就是公司的主人，并且对同事的工作和目标有所了解。员工会主动接触高级管理人员，会与上司保持有效沟通，会对所从事的工作更加积极主动，并能保持高度的工作热情。

为什么要对上级、对老板负责？因为要想有发展，你别无选择！

小刘是一位颇有能力的年轻人，但是对待工作总是漫不经心。因此，经理专门找他做工作交流，他的回答是："我又不是公司的老板，没有必要为老板拼命。如果是我自己的公司，相信我会更努力、更拼命。"

一年以后，小刘辞职，独自开了一家小公司。他对自己说："我要很用心地做好它，因为这个公司是我自己的。"半年以后，小刘的公司因为经营不善而关门。

小刘重新找到了工作，因为体会到了当老板的不容易，他一改过去的懒散，努力工作，从员工做到主管，又做到经理、老总，并且最终得到企业老板的信任，在 4 年后持有了公司股份。

可见，不管你在什么位置，都应该具备老板思维，体谅老板的苦衷。老板也是人，他考虑的问题比一般员工更多，要处理的事物、要打交道的人都要更多。直观地看，老板和员工的关系是雇佣关系，但实际上是共同创造价值、共同分享经营成果的互惠共生关系。每个人都应该对上级负责，对老板负责。

经常问问自己：

（1）假如我是老板，我会怎样对待恶劣的、无理取闹的客户？

（2）假如我是老板，这个项目如何决策才会对公司有利？

（3）假如我是老板，面对公司无情的浪费，是不是应该采取必要的措施加以制止？

（4）假如我是老板，是不是应该保证自己的言行举止符合公司的要求？

……

实际上，你是在为自己工作！因为你花费了时间、精力，通过企业的平台积累了经验和能力。

> **记住：**
> 要用负责任的眼光去对待公司、对待老板。像老板一样思考，对你的老板负责！

53. 执行就是有结果的行动

一个关于执行的价值百万的定义就是："执行就是有结果的行动。"完成任务不等于实现结果！

资料显示，中国企业的平均寿命只有 6~7 年，中国民营企业的平均寿命只有 2.9 年，民营企业生存超过 5 年的不到 9%，民营企业生存超过 8 年的不到 3%。企业管理的最大黑洞就是没有执行力！执行力是一切的关键！在未来十年内，我们所要面临的最大挑战就是执行。

很多人工作很拼命，甚至加班加点，可是领导依然不满意；辛苦工作了一年，公司的评价却是有苦劳，没功劳；每天工作忙得不可开交，却看不到工作成绩、看不到自己成长，工作没有成就感；公司所有人好像都很忙，没时间做这个，没时间做那个，但年终时业绩却在下滑或上升得并不如意。为什么会如此？答案是：没有做出结果！

××公司要派 10 个人去青岛参加一个展会。每逢节日，铁路客运就非常紧张，旅游旺地更是如此。4 月 27 日（预售的第一天）一大早，老板就派小刘去火车站买车票。

过了很久，小刘满头大汗地回来了，说："售票处人太多了，我挤了半天，排了 3 个小时才轮到。但是，窗口的所有火车票，包括软卧、硬卧、硬座都卖完了。没办法，我只好回来了。"

老板非常生气，将小刘训了一顿，说他不会办事。小刘感到很委屈，心想，我辛苦了一早上，的确是没票了，为什么还要怨我？

之后，老板又派小张去火车站看看，小张过了好长一段时间才回来，他的回答是：火车票确实已经卖完了，我发现了其他一些方法，请老板决策。

（1）买高价票，每张要多花 100 元，现有 15 张。

（2）找关系，我有一个朋友在火车站派出所，可将 10 人送上车，但晚上没地方休息。

（3）可以中途转车，北京到济南的火车有×趟，每一趟的出发时间和到达时间分别是……济南去青岛的火车有×趟，每一趟的出发时间和到达时间分别是……

（4）如果可以坐飞机，××日有×班飞机，时间分别是……

（5）如果可以坐汽车，包车费用是×××元；豪华大巴每天有×次，时间分别是……票价为××元。

如果你是老板，你愿意雇用谁呢？当然愿意用小张！买车票是任务，到青岛去才是结果。做任务是挖井，做结果是挖到水。即使你和上级的私交再好，都改变不了结果才是硬道理的现实。对结果负责就是对工作的价值负责，对任务负责就是对程序负责，完成了任务不等于实现了结果。

记住：

态度不等于结果，苦劳不等于结果，加班不等于结果，职责不等于结果，流程不等于结果！

54. 结果四要素：有时间、有价值、可考核、主动汇报

员工靠结果生存，公司靠结果发展。员工不做结果会被企业淘汰，企业不做结果会被市场淘汰。

完美的执行结果必须具备四个要素：有时间、有价值、可考核、主动汇报。

（1）有时间。

有时间指的是，执行的结果不能无休止地拖延。今天完成也可以，明天完成也可以；这个月也行，下个月也好……无休止地拖延，就是失败的原因。没有完成时限的目标，等于是没有目标。完成时限要精确到年月日时，例如，我的目标是在 2016 年 7 月 31 日上午 10：00 前出版本书。

（2）有价值。

有价值指的是，你卖给客户的不是产品，而是解决方案；你卖给客户的不是手机，而是手机能够让客户通信更方便。结果是用来交换的，所有的价值都体现在"交换"中，所以结果是一种"满足了客户价值"的产出！

客户包括内部客户和外部客户，在企业里，你的下一个工作程序的对象就是你的客户。我们要经常问自己：

第一，客户是谁？（结果是用来交换的，你所提供的结果是同谁进行交换？对方满意吗？）

第二，客户需要什么样的结果？（结果是客户需求的一种满足，客户同你交换的是结果的价值，如果结果对客户而言没有价值，客户为什么要跟你交换？）

第三，客户会把结果用来做什么？（只有了解了客户的目的，才能更好地做结果，这就是许多公司花大力气来做市场调研的重要原因。）

（3）可考核。

可考核指的是，核心结果必须能够进行量化考核。只有这样，才能确保

结果的达成。职场中，经常会听到完善制度、加强管理、进一步提高销售额等说辞，可是这些东西都不能量化，在笔者《精英团队训练营》的培训课上，每个学员都要在现场对结果写下承诺书。

一位副总写的是："培训后，我一定要回公司加强团队的凝聚力，因为团队精神太伟大了。"这是空口号，不是执行结果。他可以改成"通过 6 次培训来提高团队精神，每次培训三个小时"、"进一步提高销售额，完善制度，加强管理，加快招聘速度，满足公司发展所需要的人力，争取尽快完成公司的各项指标"、"2016 年 9 月 31 日前完成第三季度销售额 200 万元，9 月 31 日前完成招聘计划，招聘 20 个合适的人选。"

（4）主动汇报。

每天晚上主动发短信或者 E - mail 向你的上司汇报你的工作结果，不要等着上司找你催促工作的结果。

记住：

　　企业要消灭形容词，要量化考核！

55. 你的时间用在哪里，结果就产生在哪里

有效利用时间，能拓展你生命的宽度。同样，浪费时间会缩短你的生命。时间就像海绵里的水，只要愿意挤，总还是有的。

盯着你的目标，执行你的结果；你抛弃时间，时间也会抛弃你；你浪费时间，就不能完成工作结果，不能达成目标，结果也就一事无成！

一名车间老技工对跟着他的学徒工说："你现在要做的工作，就是一天车 3 万个铆钉。"学徒工吓得差点跳起来："师傅，我怎么能完成这么多？"老技工看着他问道："一秒钟能车一个吗？""当然能！"学徒工回答。

老技工拿来一块表，递给学徒工说："从现在开始，一秒钟车一个，看看一天能车多少个？"学徒工按照师傅教的，一秒钟车一个。一天下来，果然完成了 3 万个铆钉。

老技工说："你刚开始听说 3 万个就被吓到了，但是当你把时间用在你想要的结果的时候，经过努力不是也做到了吗？"

浪费别人的时间等于谋财害命，浪费自己的时间等于慢性自杀。从不浪费时间的人，没有工夫抱怨时间不够；珍惜时间的人，会将一天当两天过，对每一分每一秒都进行时间管理，他根本没有时间去浪费和抱怨。

看看你的时间是如何被浪费掉的：①缺乏计划；②没有目标；③拖延；④抓不住重点；⑤事必躬亲；⑥有头无尾；⑦一心多用；⑧缺乏条理与整洁；⑨总是在找东西；⑩简单的事情复杂化；⑪懒惰；⑫浪费别人的时间；⑬不懂得拒绝；⑭盲目行动；⑮不懂授权；⑯盲目承诺；⑰救火，忙于事后补救；⑱完美主义；⑲越权指挥。

管理者也会浪费你的时间：开会、打电话、不懂授权、官僚主义、制度死板、步骤太多、信息不共享、责权不清、目标不明确。

工作系统不畅，同样会浪费时间：客人来访、员工离职、人手不足、训练不够。

生活条件更容易浪费时间：通信落后、环境杂乱、交通不便、朋友闲聊、家住郊区。

时间面前，人人平等！进行有效的时间管理，就能在同样的时间内获得更大的价值。不要让那些零碎的时间白白浪费掉，要努力压缩完成一线工作的时间，试着挑战自己的极限，逼迫自己分清事情的轻重缓急，抓紧时间，提高效率。

100％认真工作，一次性就把事情做好，把结果呈现出来。为了达到这一目的，你还可以把时间分成三段来管理：7：00～13：00 算第一天，13：00～18：00 算第二天，18：00～24：00 算第三天，管好每一分钟，就会做出结果。

时间一去不复返，一万年太久，只争朝夕！不要想自己未来还有多少时间，要抓紧眼前的时间，在最短的时间内做出结果。

> 记住：
>
> 　　富人爱时间，穷人爱金钱，你的时间用在哪里，你的结果就会产生在哪里。浪费别人的时间等于谋财害命，浪费自己的时间等于慢性自杀！

56. 有承诺做事情比没有承诺做事情更容易成功

大胆承诺，迎难而上，不做逃兵。

"老总，没问题！包在我身上！"

"经理，你放心！这事没问题！"

这是我们工作中经常听到的承诺。那么，这种承诺到底管用吗？事实告诉我们，这样的承诺往往会没有结果，不了了之。久而久之，就会形成一个承诺怪圈，即轻易承诺→无法做到→寻找理由→轻易承诺……

在现代企业管理中，如果管理者无法保证结果的完成，就是失职。为了保证完成结果，就要讲清后果。这个后果是自我惩罚的一部分，不一定会惩罚多少钱或物，承诺了却没完成任务，管理者也不一定必须允许实现惩罚。当然，员工若是完成了一般性任务也不必奖励，因为那是与工作报酬相对应的；员工若完成了超值的结果则要给予奖励，这一定要讲在承诺中。

同时，必须保证每位员工拿到的结果不是员工的责任，而是管理者的责任。建立一种规范的承诺文化，就可以促进企业的快速发展。为什么麦当劳的《员工手册》有 300 页员工却能执行下去，而很多企业只有十几条规定却落实不了？那是因为这些企业缺乏承诺文化！

2004 年，笔者接到山东某企业的一个培训订单——三天的《精英团队训练营》课程。

笔者见到客户时，客户说："高老师，希望你帮帮忙，我们想通过你的培训课程，帮助我们把 2005 年的目标确定下来。而且，希望目标能够定为 8000 万元的销售额。"笔者问："企业的年度目标为什么不自己定呢？你们 2004 年做了多少啊？"客户回答说："2004 年做了 6000 万元，希望 2005 年突破 8000 万元。但是，年底制定目标的时候，员工总会与上级讨价还价，员工希望目标定低一点，容易完成一些……"

笔者答应了客户的要求——帮助其企业在培训现场制定年度目标。其实，本来笔者的训练营就有公众承诺这一环节。每个人写下承诺书后，所有人的目标加在一起，就是企业的年度目标了。

数字出来后，总营业额的目标是 1.02 亿元。他们的老板感到很惊讶："哇！这个目标高了，高了，高了！" 2005 年底，他们完成了 9600 万元营业额，还差 600 万元没有完成目标。但是老板说："已经非常成功了，远远超出了笔者心目当中的 8000 万元的营业额。"

这是笔者较早做的一个案例，经过这么多年的企业实践，笔者认为，承诺书运用于三个月内比较理想。一张承诺书，就可以帮助客户提高 20% ~ 60% 的业绩。原因是什么？因为有承诺做事情比没有承诺做事情更容易成功！

敢于承诺并且履行承诺，是塑造自我职场印象的重要课程！承诺意味着不管发生什么事情，都要有足够的耐心按质按量完成任务；不管遇到什么困难，都没有任何借口，要有足够的信心努力去执行任务。

优秀的员工都会大胆向上司承诺，不找任何借口，勇于完成任务；优秀的领导也敢于大胆向下属承诺，不找任何借口，勇于兑现诺言；如此，在你的职业生涯中，将没有什么不可能！

记住：

　　敢于承诺、勇于负责才能成功！不给自己留退路，抱有足够的决心，背水一战！

57. 公众承诺犹如从山上掉下的巨石，
让你拥有动力和能量

在众目睽睽之下许下诺言，你就有了动力和能量，势必会全力以赴地完成目标。

有多少人想要减肥？有多少人想要戒烟？减肥成功了吗？把烟戒掉了吗？答案是"没有"！为什么？因为你的动力不够，你只是想要，而不是一定要。承诺很重要，公众承诺则更具有力量。公众承诺，然后果断行动，你势必会成功！

某企业的片区经理参加了笔者的培训课程，学习到了公众承诺的力量，他所带领的团队的业绩每年都增长 20% 以上。老板看到了他的承诺和业绩，将他从片区经理调到了总监的职位，管理整个西南大区，并且他每年都带领他的团队去国外旅游。

现在让我们学习一下承诺书：

承诺书

我（姓名）_____是_____公司_____（职务），我郑重承诺在_____年____月___日至_____年____月___日完成工作目标。

（1）工作目标是：_____

（2）行动计划：_____

（3）若未完成我将：（自我惩罚）_____

（4）若已完成我将：（自我奖励）_____

（5）检查人：（姓名）_____

承诺人
_____年___月___日

· 117 ·

注意事项：

（1）时间要在三个月以内。

（2）目标要有挑战性，即伸出手来够不到，但只要愿意全力以赴跳起来，就可以够得到；目标要量化，可考核，可检查。

（3）行动计划要支持目标。

（4）自我惩罚要足够痛苦，要有意义。例如，俯卧撑 500 个；剃光头；喝一小杯自己的尿；裸奔；抄写公司销售手册 100 遍；打扫厕所 100 次；捡垃圾两天等。

（5）自我奖励与自我惩罚都是自我管理的方法，与机制没有关系。

（6）找一名同事做你的检查人，他与你有连带责任，他必须愿意无条件地接受你的自我惩罚项目，但自我奖励与他无关。检查人要去严格检查、督促和鞭策承诺人的日结果、周结果和月结果。

记住：

　　在公众面前许下承诺的目标，达成的概率会更高。

---

58. 每个人都要有契约精神

说话算数，一诺千金。

古代人做生意是不需要签订合同的，他们做事一诺千金，而我们现代人，签了合同却不履行者，大有人在。

在美国纽约哈德逊河畔，离美国第 18 届总统格兰特的陵墓不到 100 米处，有一座孩子的坟墓。在墓旁的一块木牌上，记载着这样一个故事：

1797 年 7 月 15 日，一个年仅 5 岁的孩子不幸坠崖身亡，孩子的父母悲痛欲绝，便在落崖处给孩子修建了一座坟墓。后因家道衰落，这位父亲不得不转让这片土地，他对新主人提出了一个特殊要求：把孩子的坟墓作为土地的一部分永远保留。

新主人同意了这个条件，并把它写进了契约。100 年过去了，这片土地被辗转卖了许多次，但孩子的坟墓仍然留在那里。1897 年，这块土地被选为总统格兰特将军的陵园，而孩子的坟墓依然被完整地保留了下来，成了格兰特陵墓的邻居。

又一个 100 年过去了，1997 年 7 月，格兰特将军陵墓建成 100 周年时，当时的纽约市长来到这里，在缅怀格兰特将军的同时，重新修整了孩子的坟墓，并亲自撰写了孩子墓地的故事，让它世世代代流传下去。

那份延续了 200 年的契约揭示了一个简单的道理：承诺了，就一定要做到。正是这种契约精神，孕育了西方人的"诚信"观念。它认为，人与人之间与生俱来的天分和财富是不平等的，但是可以用道德和法律上的平等来取而代之，从而让在最初状态不平等的个人，在社会规范和法律权利上拥有完全的平等。

英国著名法律史学家梅因说过："迄今为止，所有社会进步的运动，都是一个从身份到契约的运动。"西方文明发展的历史是一部契约发展的历史，而创造辉煌政治或商业文明的国家，无一不是契约精神的楷模。

其实，在中国的历史传统中不乏契约因素，但离契约文明还很远。随着建立在契约基础上的市场经济的到来，缺乏契约的传统凸显出来，诚信危机随之而来。如果你崇尚"聪明"，那么人与人之间的关系会遭受破坏，最明显的表现就是彼此防范。城市的楼房里，家家户户都有防盗门、防盗窗，遍地都是高高的围墙，但我们生活得仍然不安全。

笔者的一个朋友年轻的时候，拜访过李嘉诚。李嘉诚与其聊了半个小时，核心内容讲了 3 句话："以诚立业，以诚持家，以诚待人。"诚实、诚信是成功之本。

春秋时期，齐景公非常欣赏贤相晏婴的才能。

一次，齐景公到晏婴家做客，晏婴的妻子内外操持，齐景公看到晏婴的妻子相貌丑陋，于是说："如果晏婴休掉旧妻，我愿意将年轻貌美的女儿许配给你。"

晏婴听到这些话，立刻起身离席，恭敬地说："我的妻子虽然年老，但是与我相濡以沫。女人将自己的一生托付给我，这是何等的荣幸。我既然接受了妻子的这份情谊，怎能再娶别人？"

契约精神对于个人成功和企业品牌的打造都是至关重要的！

百事公司曾在菲律宾市场做过一场促销活动，它们声称，只要在百事产品的瓶盖上发现促销标志，就可以获得 4 万元奖金。但是，由于工作失误，在菲律宾售出的产品瓶盖上有该标志的百事可乐多达 80 万元。面对促销赔钱的结果，百事公司无法接受，于是拒绝履行有奖销售的承诺。

愤怒的消费者们上街游行，砸毁了百事公司在菲律宾的总部，甚至殴打工作人员。由此，百事公司失去了信用，不得不全线退出。

记住：
　　成功者必须言行一致！

59. 最高境界的奖励是自我奖励，最高境界的惩罚是自我惩罚

惩罚不是目的，而是鞭策自己，没有痛苦给自己找点痛苦；动力不足，就给自己增加更多的动力。

惩罚是触动心灵的艺术，怎样惩罚员工，才能让员工虚心接受，又能让企业人心不涣散呢？奖励和惩罚都是企业激励的一种方式，只不过，一个是正激励，一个是负激励。但是，惩罚有时候比奖励的刺激更大，有什么样的好方法呢？答案是，让每个人进行自我管理，自己设定目标后进行自行奖励和自我惩罚。

小张是某 4S 店的销售人员，每个月的业绩都是全公司前三名，我对他的销售记录感到很好奇。

小张向我透露了他自我管理的秘密，他说："公司有公司的指标和销售任务，但是我是个喜欢挑战更高目标的人，总是给自己制定目标。而我自己制定的目标都比公司给我制定的目标要高出很多。每当我达成了，我都会给自己奖励：买新西装、大吃一顿海鲜、去海边游泳，或者给自己买部新手机、新电脑，或者去看一场电影。如果没有实现自己的目标，我会对自己进行惩罚，比如做俯卧撑、面对墙站立 45 分钟、跑步 5 公里、打扫公司卫生和厕所卫生。所以，我的业绩总是排在其他同事的前面，因为我选择在职场上进行自我管理。"

研究发现，在笔者拜访过的 2000 多家民营企业中，有很多企业的销售冠军都在进行优秀的自我管理。在过去 15 年的执行力实践中，笔者的很多学员都学会了自我奖励和自我惩罚，业绩都提升了。

客户刘小姐还把这种公众承诺、自我奖励和自我惩罚的方法运用到了对孩子的教育上。以前，孩子想要什么玩具她就给孩子买什么玩具。孩子的玩具多了，也就不珍惜了，但不给买就和大人耍脾气。后来，她建立了家庭会

议制度，每个月开一次家庭会议，爸爸、妈妈、孩子都会进行公众承诺。一年下来，孩子养成了很多好习惯，拿到了很多奖励，也更加珍惜自己的玩具了。

刘小姐高兴地告诉我，她自己的目标也达成得非常好，家里少了很多争吵，多了更多的欢笑。当全家都完成目标的时候，他们就会一起去看电影、吃大餐、购物，其乐融融。当孩子没有完成目标做俯卧撑的时候，他会边做俯卧撑边对自己说："我下次一定要完成目标。"

这才是自我奖励和自我惩罚的真正目的！

记住：

管理既包括管理别人，又包括管理自己，真正有效的管理是帮助别人做好自我管理！

60. 全力以赴，全情投入

做事情有三种态度：试试看、尽力而为和全力以赴，企业需要的是全力以赴的员工。

执行的心态体现在哪些方面呢？

（1）听话照做！

听话照做是提升执行力的第一步。鼓励员工听话不是培养下属的愚忠，因为自以为是的下属经常会在执行任务时改变既定的轨迹，白白绕了很多弯路。要把执行的路线图标明，将其简单明了地告诉下属，接下来只要让执行者按照标准流程做出结果就行了。

如何化繁为简，将执行变得容易些呢？做客户所需要的；简约表述，说得明白才能做得清楚；按标准做事，建立可复制的标准化系统；研究问题时不要从人入手而是要从流程入手，听话照做；要求下属绝对服从，凡是正式的决定都是对的。具体来说就是做到四个服从：服从目标、服从领导、服从变化、服从结果。

（2）一丝不苟。

执行者既是服从性强的"智者"，也是找方法的"勇者"。难的不是如何用思维工具激发出更好的想法，而是怎样将想法付诸实践。阻碍你一丝不苟的绊脚石主要包括：分散、浪费、减少、枯耗和耗费精力的不良习惯。当你精力不够时，必须补充能量，而不是让自己"过劳死"！

（3）全力以赴。

赛马不相马，要么全力以赴，要么走人！执行的心态决定执行的结果。全力以赴的工作状态是可以调动出来的，高效能的恒动力可以使人身心合一地进入高效的工作状态，眼中、心中只有工作目标。

那么，怎样才能做到全力以赴？通过每天的运动来激发生命的脉搏，多吃青菜和水果；保持积极乐观的心态；专注于核心目标，并且要将兴奋情感集中在目标上；高效率工作；工作间隔期做身体的拉伸运动；不焦虑，不刻板，在哪里跌倒就从哪里爬起来。

（4）全情投入。

通过研究笔者发现，上班族中能够做到全情投入的人还不到 30%，约有 55% 的人并不投入，另外，还有 19% 的人在消极逃避。也就是说，这些人不但自己工作得不开心，还把负面情绪传染给了其他同事。工作不投入会给公司带来不可估量的损失，糟糕的是，他们在公司的时间越长，惰性就越严重。

怎样才能做到全情投入呢？我们的精力主要来源于身体、情感、思想和精神。

身体层面的精力，主要表现为力量、耐力、灵活力和弹力，肌肉可以做出各种动作，伸展运动可以提高身体的灵活性，保持最强的身体脉动。

情感层面的精力是指，能够用坦率的、适度的情绪做事情，而非意气用事，警戒防备。遭遇失败和沮丧后能够调节自我情绪，在工作时能保持最强的情绪脉动。

思想层面的精力指的是，随着时间的推移，依然能够保有斗志，能够不断地进步，思想集中在工作目标上，保持最强的思想脉动。

精神层面的精力反映了一个人深层次的价值观，能够让我们的精神与工作内容保持一致，保持最强的精神脉动。

有效进行身体和精神训练的方法是运动与恒心，有效释放思想和情感的方法是催眠、心理解压与情感沟通。这是管理干部和追求自我管理的新课题。

记住：

　　享有淋漓尽致，不留遗憾的秘诀就是全力以赴，全情投入！

---

61. 一个人的可塑性指数 = 学习的意愿×改变的意愿

学习的意愿是0，改变的意愿是10，相乘后结果还是0。学习的意愿是10，改变的意愿是0，相乘后的结果还是0。只有当学习的意愿是10，改变的意愿也是10时，相乘后的结果才是100。

为什么同样工作10年，有的人事业成功，有的人却依然一文不值？答案是，一个人的可塑性指数不同！

先来谈谈学习的意愿。文凭不等于水平，学历不等于能力。大学学到的知识毕业以后只能用两年，如果不持续学习，那张文凭代表的知识会很快落伍，你会很快被淘汰。学习是时代发展的要求，是人类获得幸福的永恒动力。不管在任何时候，都要保持学习的精神。

如何进行快速阅读呢？先看自己有多少时间，再看自己要学什么领域的知识，据此选择读物；重要的章节要多花时间看，其他章节不看或者浏览着看；要学会速读，有看目录、找重点、略读、跳读、找关键词以及一些专门的速读技法。同时，还要学习一些快速记忆法，比如理解记忆、联想记忆、谐音记忆、口诀记忆、反复记忆等，这样你会很快记住知识点并且过目不忘。

美国著名总统哈里·杜鲁门没念过大学，学历不高，但是杜鲁门从没有间断过读书。多年积累下来，他的学识绝对不逊于任何受过高等教育的人。每天阅读已经成为杜鲁门的一个习惯。

靠着非凡的学识与韬略，杜鲁门带领美国很快"治愈"了第二次世界大战的创伤，使得美国经济迅速腾飞；也正因为多年学习奠定的坚实基础，以及对自己制定的美国发展政策的自信，他能够顶住来自美国人民的巨大压力，果断下令结束了麦克阿瑟将军的一切职务。

他常常对下属说："不是每个读书人都能够成为领袖，但每一位领袖必定是读书人。"所以，学习是发展与成功的保障，生命不息，学习不止。学习习惯一旦养成，就会使你终身受益！

专家是持续学习出来的，每天学习一小时，一年后你就会成为专家，三年后就会成为行业专家，五年后就会成为国家级专家，八年后就会成为世界级专家。在学习的过程中，首先要不断模仿和学习成功人士的经验与方法，其次将这些方法为己所用，研究出适合自己的模式，最后将其发扬光大。

要把学习到的知识在工作中、生活中练习运用，光学不用，等于没学。所以，成功的关键就在于持之以恒。如果能够加上练习，相信你一定可以成为赢家。

"听"能吸收20%，"说"能吸收50%，"做"能吸收70%。不能只低头拉车，还要抬头看路，一个人一定是先有见识才能有胆识。有了学习的意愿，剩下的是改变的意愿。要想改变世界、改变别人，就要先改变自己。只要你愿意，命运是可以改变的。

那么，如何改变自己呢？

（1）有强烈的成功意愿和动机，即"我一定要成功"、"我一定要改变"的强烈企图心。

（2）敢于挑战做别人不敢做、不想做、做不到的事情。

（3）在最短的时间内采取最大量的行动。

（4）找到自己最大的障碍，然后突破它。

这里有一些改变自己的黄金问句：

（1）我要改变的信念有哪些？我该用哪些新的信念来替换它？

（2）要想达成我的目标，我需要立刻执行的月度计划是什么？

（3）我该如何增加自己对公司的价值和贡献度？

（4）我最需要提高的技能是什么？我该如何行动去提升它？

（5）我想成为什么样的人？我该如何成为这样的人？

（6）我的月度目标、年度目标和三年后的目标清晰吗？

（7）假如我不能失败，我必须做出怎样的改变？

（8）我快乐吗？我该怎样改变自己的心态，去享受工作的过程？

记住：

一个人不学习，学习之后不复习，复习之后不练习，注定没出息！

---

62. 天助自助者

当你决定自助的时候，上天都会帮助你成功。

所谓自助就是自己帮助自己，充分发动自己的主观能动性，追求自己想要获得的东西。对于个人来说，自助是成功的根本。如果总是把成功寄托在外界的帮助上，或者是坐等机会的降临，那你在成功的路上就会失去主动性，也就失去了与成功相遇的机会！

年轻的时候，拿破仑喜欢到郊外打猎。有一次，他看到一个男子掉到河里，不停地挣扎，大声地呼喊救命。拿破仑看了看，发现那条河很窄，便没有下河去救人。相反，他举起手中的猎枪，对着落水的男子大喊："马上自己游上岸，不然我就一枪打死你！"

落水男子看到拿破仑的枪口指着自己，吓了一跳，顾不上求救，赶紧挣扎着自己游上岸来。

很多时候，人们都不愿意靠自身的力量，只想靠天助，然而天助也需要自助来把握。自助是成功的根本，天助是成功的条件。自助与天助是成功的内因和外因，内因决定方向，外因影响进程。如果能够将两者结合在一起，成功自然指日可待！

一个年轻人经过微软分公司大门的时候，突然想要进去应聘。外籍总经理听到他的来意，感到非常惊讶，因为公司并没有刊登过任何招聘启事。年轻人用不太熟练的英语解释说，自己只是偶然经过，想看一看有没有适合自己的工作。

总经理不想错过任何一个人才，于是给了他一个面试的机会。年轻人在面试中的表现并不好，他对于编程软件的了解少得可怜，完全不符合公司的要求。对此，年轻人说，因为自己来之前没有做准备，如果能够给他一些时间，他会做好准备的。

总经理给了他两周的时间，让他两周后再来。年轻人离开公司后，到图书馆借了大量有关编程的书籍，在家集中精力准备了两个星期后又来面试了。第二次面试，年轻人的表现好了很多，但是仍然不符合公司的要求。不过，年轻人短短两周内的快速进步，让总经理刮目相看。

总经理建议他考虑一下销售部的工作，年轻人表示，对于销售他一窍不通。于是，总经理又给了他一个星期的时间做准备，然后再进行面试。年轻人离开公司后又到了图书馆，买了很多销售方面的书籍开始研究销售技巧和能力……

就这样，年轻人在两个多月的时间内到微软进行了 5 次面试，最后终于得到了总经理的认可，成为了微软的一名员工。

这个故事告诉我们，等待是没有用的，改变自己，提升自己，修炼自己，不放过任何希望和机会，不断自助，才能获得成功。

要想自助必须先了解自己，自我分析是非常重要的。定位决定地位，格局决定结局！只要了解自己，找到人生的方向，老天爷都会帮助你，因为天助自助者！

> **记住：**
>
> 做自己喜欢做的、擅长做的事情，做到极致！

63. 使我痛苦者，必使我强大

磨难、痛苦才会使人思索。一个人只有痛苦地思索，才会顿悟人生的真谛。许多人的生命之所以伟大，就源于他们所承受的苦难。

你经历过什么样的痛苦呢？细数笔者自己，对笔者来说，儿时的贫穷让笔者觉得痛苦，总有一种压抑的童年回忆，母亲总是为钱烦恼的情景让笔者记忆犹新，想起来就揪心；长大以后第一次创业开公司，亏掉了所有的本钱，独自一人在深圳的那种绝望，让笔者痛苦不已；曾经爱过一个不该爱的人，那种撕心裂肺的情感让笔者痛苦不已；父亲去世，失去亲人的茫然，独立于天地间的感受，让笔者痛苦不已……失去事业、爱情、亲人，每一种心似刀绞之痛，只有体验过的人才明白那是怎样的痛。然而，人生的路还很长，使我痛苦者必使我强大。

正因为儿时的生活比较艰苦，让笔者长大以后对事业的成功尤为渴望。作为女人，笔者不甘心在东北老家埋没自己的一生，于是独自一人来深圳创业。又是因为第一次创业的失败，让笔者总结了经验和教训，重新起步从而取得今天给 1000 多家企业做过培训的阶段性成绩。又是因为一场刻骨铭心的痛苦恋爱，让笔者在找到笔者的先生后，感到自己格外幸福。中国婚姻的现状调查显示，有 10% 的夫妻是亲亲热热，40% 的夫妻是不冷不热，50% 的夫妻是水深火热。而笔者和笔者先生从恋爱到今天也已有 10 多年了，我们之间一直都属于那少数的 10% 的亲热感情。经历过痛苦之后，才更加懂得珍惜眼前的幸福。父亲的过世让笔者彻底地明白了什么是"树欲静而风不止，子欲养而亲不待"。所以，笔者就明白应该更加珍惜自己的母亲，更好地孝顺她。

从长远来看，痛苦本身充满了诗意；用放大镜来看，痛苦的经历会让你飞速成长和成熟；每一次的蜕变都是一种成长，如果人生没有痛苦，那就一定有缺憾。

一位动物学家对生活在非洲大草原奥兰治河岸的羚羊群进行过研究，他发现，东岸羚羊的繁殖能力比西岸羚羊强，奔跑速度也比西岸羚羊每分钟要快13米。对于这些差别，这位动物学家百思不得其解，因为这些羚羊的生存环境和属类是一样的。

有一年，他在动物保护协会的协助下，在东西两岸各捉了10只羚羊，把它们送到对岸。结果，由西岸运到东岸的10只羚羊只剩下了3只，其他7只羚羊全被狼吃掉了。

动物学家明白了，东岸的羚羊之所以强健，是因为在它们身后跟着一个狼群，西岸的羚羊之所以弱小，是因为它们缺少这么一群天敌。

天才人物并不是天生的强者，它们的竞争意识并非与生俱来，而是在后天的奋斗中逐渐形成的。大自然的法则就是"物竞天择，适者生存"。没有竞争，就没有发展；没有对手，自己就不会强大；没有敌人，何以谈胜利。有的时候，就需要有人逼自己一把，才能知道自己的潜能。这个逼你的人，可能是市场，可能是上司，可能是亲人……不管是谁，都要感激他！

记住：

　　痛苦之时，觉醒之始！如果人生没有痛苦，那一定就有缺憾。

64. 没有任何借口

找借口是在找退路，找借口是推卸责任，找借口是在拖延，找借口是一种不良的习惯。

"没有任何借口"是西点军校一向奉行的理念和价值观，西点的每一位学员都懂得执行任务是不能推脱的。

"没有任何借口"体现的是一种完美的执行能力、一种敬业精神、一种诚实的态度。秉承这一理念，从西点毕业的人在各个领域都取得了非凡的成就。

千万别找借口！企业缺少的正是那种想尽办法去完成任务的员工，而不是寻找借口的人：

"那个客户太挑剔了，我无法满足他。"

"我可以早到的，如果没下雨。"

"我没有在规定的时间里把事情做完，是因为……"

"我没有学过。"

"我没有足够的时间。"

"我没有那么多精力。"

"我没有办法这么做。"

……

其实，在每个借口的背后都隐藏着丰富的潜台词，只是我们不好意思说出来，甚至根本就不愿意说出来。借口虽然让你暂时逃避了困难，但是代价无比高昂，它会阻碍我们达成事业成功的结果。

归纳起来，我们经常听到的借口主要有以下五种表现形式：

（1）他们做决定的时候根本就没有征求我的意见，所以这个不应该是我的责任。

潜台词是，这个与我无关。找这种借口的人不愿意承担责任，把本应该属于自己的责任推给别人。这样做的坏处是，无法获得成长和进步，增加了企业的沟通成本，得不到他人的尊重与认可，影响自己与企业的发展。

（2）这个星期我很忙，我会尽快做的。

这种借口的背后是拖延，容易让人养成拖延的习惯。每个公司都有这样的员工，每天看起来都很忙碌，似乎尽职尽责了。但是，他们把本来应该 1 个小时完成的工作拖延至半天来完成，甚至更长时间；做事情没有重点，缺乏效率。

（3）我们以前从来没有这样做过，这不是我们的做事方式。

找这种借口的人都是因循守旧的人，他们缺乏一种创新精神和自动自发的工作能力。借口会让他们躺在过去的经验、规则和思维的惯性上舒舒服服地睡大觉，一觉醒来已经落后竞争对手许多年了。

（4）我从没有受过这方面的培训来做这件事。

这是为自己的能力或者经验不足而找借口的员工。没有谁天生就会做某件事，不懂就要问，不会就要主动学，不能借口一堆，被动等待。

（5）我们不可能赶上竞争对手，在很多方面别人超过我们一大截。

当人们不思进取时就会讲这样的话，这种借口会让人心态消极颓废。他们的潜台词是"我不能，我不行"，这种消极心态剥夺了一个人成功的机会，会让人一事无成。

美国成功学家格兰特纳曾说过这样的话：如果你有自己系鞋带的能力，就有了上天摘星的机会！一个人对待生活、工作的态度是他能否做好事情的关键因素。改变自己的心态，这是最重要的！在工作中寻找借口为自己开脱，并养成习惯，是很危险的！

> **记住：**
> 　　借口的代价无比高昂，它会阻碍我们达成事业成功的结果。只为成功找方法，不为失败找理由！

65. 第一次就把事情做对

第一次就把事情做对，可以提高我们的做事效率和团队的执行力。

著名管理学家克劳士的理论精华就是，第一次就把事情做对！如果第一次就把事情做错了，再重新做，会给企业带来巨大的损失，既浪费时间，又浪费团队的生命力。

由于时间比较紧张，一位广告经理在审核广告公司回传的样稿时没有仔细看，在发布的广告中弄错了一个电话号码——服务部电话被写错了一个数字。就是这样一个小小的错误，导致了一系列的麻烦。

某电脑公司接到了日本的两百万元订单，全体员工加班加点工作，终于按照合同约定把产品生产出来并运送到了客户手上。客户收到货物后进行仔细检查，发现所有的产品都忘记打品牌商标了。商标只有在中国厂家才能打，所有的产品必须再运回来。结果，这影响了客户的销售，给客户带来了几十万元的损失，客户生气了。

工程施工中，师傅正在紧张地工作着。他需要一把扳手，于是叫身边的小徒弟："去拿一把扳手。"小徒弟飞奔而去。过了许久，小徒弟才气喘吁吁地跑回来，拿着一把巨大的扳手说："扳手拿来了，真不好找！"可是，师傅发现，这并不是他需要的扳手。于是，师傅生气地说："谁让你拿这么大的扳手？"小徒弟觉得很委屈，这时候师傅才发现，他并没有告诉徒弟该拿多大的、什么型号的扳手以及去什么地方找，自己以为徒弟应该知道这些，可实际上徒弟并不知道。

作为管理者应该按照"5W2H"清晰地表述结果定义，如果执行者不知道执行的结果定义，应该按照"5W2H"的原则主动去请教上级。那么，什么是"5W2H"呢？

5W：谁？做什么？时间？地点？为什么要这么做？

2H：怎么样做？做多少工作量？

有这样一个案例：总经理，我对这项工作旳认识是这样的，为了增强公司在市场的占有率，您希望我们市场部在元旦之前，在珠三角地区拓展 10 家加盟店。请您确认一下，是否还有遗漏？

在这个案例中的"5W"指的是：

谁——市场部；

做什么——开拓加盟店；

时间——元旦前；

地点——珠三角地区；

为什么要这么做——为了增强我们公司在亻场的占有率。

在这个案例中的"2H"指的是：

怎么样做——全力以赴；

做多少工作量——10 家。

想想看，下面这道题中的"5W2H"分别是什么？

张小姐，请您将这份调查报告复印两份，今天下午下班前送到总经理室，交给总经理。请您留意一下复印的质量，总经理要带给客户做参考。

记住：

如果第一次就把事情做错了，再重新做，会给企业带来巨大的损失，既浪费时间，又浪费团队的生命力。成功者会反复确认！

66. 迟到是最大的不诚信

要养成早到的习惯，而不要迟到。

在我们身边有很多这样的迟到人士：上学迟到、面试迟到、上班迟到、见客户迟到、见朋友迟到、赶火车迟到、赶飞机迟到……迟到的人，要么不以为然，觉得这是小事一桩；要么借口一堆，让你觉得他的理由是多么充分，多么理所当然；要么就在机场等场合大发雷霆，抱怨航空公司。

一次，笔者公司的经理面试新员工，有 20 多个人来面试，其中 3 个面试者迟到了。

经理仍然接待了他们，并耐心地询问他们为什么迟到。有一个回答说："路不熟悉，找了很久。"另一个回答说："坐错车了。"最后一个面试者回答说："不好意思，不过我只晚了 2 分钟。"面试结束后，笔者将经理叫过来，问他："迟到的人，我们公司要吗？"经理想了一下说："不要！"笔者说："对！迟到是最大的不诚信！我们公司不要这样的人。"

很多人的迟到恶习和从小的教育有关，有些人从小就没有养成好习惯。

笔者的大儿子读小学二年级，班主任老师罚班上一个迟到的同学站在门口，她妈妈在家长群里回应说："罚她多站一会儿，今天早上一碗面条吃了半个小时；走在路上，我说时间快到了，她还是慢慢走。"

很多小孩都是如此！早上不起床，做事情慢，没有时间观念。其实，要想改变这个习惯也不难，那就是培养孩子的时间观念。家长不要充当叫孩子起床的角色，要让他自己定好闹钟，设定好时间，让孩子主动去计划好。要培养孩子的独立性，越早独立的孩子，越容易成功。

很多人上班经常迟到，或者找别人帮忙打卡。这是一种没有契约精神的态度，是不诚信的表现，更是一种欺骗自己、欺骗公司的行为。更有甚者，把迟到本身和公司的处罚根本都不当一回事，这种态度是亟须改正的；否则，在职场的路上就会摔跟头。

　　巴西某公司的几个代表去美国的一个企业采购设备，结果因为购物耽误了时间，迟到了 45 分钟。美方代表在谈判时指出巴西公司的代表迟到，行事缺乏信用，并在价格层面提出了很多要求，巴西公司的代表最终只能做出让步。

　　一个人一生能取得多大的成就，取决于你留给别人的印象和别人对你的评价。赶火车和赶飞机的时候，一旦迟到了，火车开了，飞机飞了，跟谁理论都没用。因为只有人等车，没有车等人。所以，凡事都要早到，而不要迟到。迟到不是小事，而是大事，迟到是最大的不诚信！

记住：
　　一个人一生能取得多大的成就，取决于你留给别人的印象和别人对你的评价！

67. 大成功来自小成就，小事情要做到高标准

人与人之间的差别在于做小事情的标准不同。

执行力的关键在于，企业要有统一的执行标准，所有的员工都要不折不扣地按照标准严格执行。很多人都想成功，都想做大事，都对小事不屑一顾，可是，如果做不好小事，是难以成就大事的！

15 年前，笔者的第一份工作是陈安之机构的电话行销员加课程助教，然后做推广讲师，一步一步做到今天。在笔者刚进陈安之机构的时候，我们的辅导老师李旭龙对我们的要求非常严格。每次培训前，我们都得亲自去酒店的会议室测试各种设备，为学员摆放好椅子。他要求我们把椅子摆放得如同一条直线，不管横看还是竖看都要如同一条直线。大家摆放完后他来检查。

第一次做助教服务的时候，最让笔者不能理解的是，李老师居然拿了一条长长的线，拉直来检测我们摆放的椅子是否如同一条直线。笔者当时真的非常惊讶，心里嘀咕说，有必要吗？但是，笔者的优点是绝对能够"听话照做"。

数年后的今天，笔者真的非常感恩李老师，因为他教给我们的不仅是知识，更重要的是行动的高标准，做小事情的高标准！

很多年前，一位妙龄少女来到东京帝国酒店当服务员。这是她涉世之初的第一份工作，因此她很激动，暗自下决心，一定要好好干。可是，让她万万没有想到的是，上司安排给她的第一份工作居然是洗厕所。当她用手拿着抹布伸向马桶时，胃里立刻翻江倒海。而上司对她工作质量的要求却是高得惊人——必须清洗得光洁如新！

就在女孩正为该如何将厕所洗得"光洁如新"而左右为难时，一位前辈出现在她的面前。他当着女孩的面擦洗了马桶，最后竟然从马桶里舀了一杯水，毫不犹豫地喝了下去。他用自己的行动告诉了女孩一个朴素的道理：只有让马桶里的水达到可以喝的标准，才算是把马桶洗得"光洁如新"。

女孩看得目瞪口呆、羞愧万分，同时也恍然大悟，并且暗下决心：即使一生洗厕所，也要做一名最出色的洗厕所者。当她抱着这种态度去做事情的时候，一切困难都变得微不足道。几十年后，这个女孩已经从最初的服务员一步一步做到了日本政府的邮政大臣。职位不断地改变，但是唯一不变的是，不管做什么，她都要做到高标准。她的名字叫野田圣子。

平庸和伟大之间的差别在于细节。小事情从高标准开始，从发展趋势看，得标准者得天下。标准是市场竞争的制高点，很多企业的成功都源于对标准的执行。

在现实的企业环境里，有很多持有"差不多就可以了"的观念的人。可是，差不多，其实差很多。在企业的执行标准方面，必须一丝不苟、认认真真。只有严格执行"高标准，严要求"，才能打造出高品质的执行力。

考考你：

如果有一堆桌子和一群人，让你来安排这群人擦桌子。你怎么安排呢？

答案：

有多少张桌子要擦？安排多少个人擦？擦到什么标准，桌子角落里有灰尘也可以吗？擦完之后，谁检查？一定有的人干得好，有的人干得差，好的怎么奖？差的怎么罚？

记住：

改变从观念开始，改变从自身开始，改变从小事开始，改变从此时开始！

68. 做员工时不懂服从，将来也不可能成为优秀的领导者

服从，完全服从，绝对服从！

35 岁以前必须做到：学会尊重那些你认为不如你的人；学会服从那些你认为不正确、不公平的游戏规则。红绿灯和斑马线都是用来服从和遵守的，而不是用来谈判的。制度意识、规则意识、流程意识是我们工作和生活中必须具备的素养。

过马路的时候，必须要遵守红绿灯的指挥，因为红绿灯背后站着的是国家的强力机构——警察和监狱。不管红绿灯设置得是否合理，你都必须遵守；违反规则，你将会受到处罚。其中的道理非常简单，对每个公民来讲，正因为有了红绿灯这些规则，我们才能生活在一个文明的社会中。

美国西点军校成立于 1802 年，200 多年来，共培养出 2 位美国总统、4 位五星上将、3700 多名将军。据统计，第二次世界大战之后，在全球 500 强企业中，从美国西点军校毕业出来的董事长有 1000 多位，副董事长有 2000 多位，总经理或者董事这一级别的人才则高达 5000 多位。

西点军校有一个广为传颂的传统，就是遇到军官，学员只能有四种回答：

报告长官："是!"

报告长官："不是!"

报告长官："没有借口!"

报告长官："不知道!"

企业管理的最大黑洞是没有执行力!

比尔·盖茨曾说："执行力是一切的关键。在未来十年内，我们所要面临的最大挑战就是执行。"服从是对组织的服从、对领导的服从，为什么领导正确的概率会高于部属？因为无论从信息占有、经验还是从能力上讲，领导都要高于部属。一个管理者是否能够成名、能否成为优秀的职业经理人，很多时候就取决于他能否学会服从!

记住:

   制度意识、规则意识、流程意识是我们工作和生活中必须具备的素养,要 100% 服从!

69. 员工是钢铁，制度是模具

企业中有很多员工有一定的优秀潜质，但是，他们充其量是一块"生铁"，还不是一块"好钢"，需要历练、磨炼，用什么来历练磨炼呢？除了工作目标和任务，更重要的是公司的制度。

《亮剑》中有这样一幕：

李云龙的独立团要攻打平安县城，主力部队在围攻县城的时候，其他兄弟部队和地方部队都在县城外围拦截前来救援平安县城的日军部队。

有个八路军小部队接到了自己的任务——守住阵地 8 个小时。当时，他们的兵力只有一个连，对抗的日军兵力是一个联队，兵力对比达到 1:38，武器装备上更是没法相提并论，也没有后勤补给。可是，就是在这样艰巨的环境下，这个连却依托有利地形坚守了 8 个小时，完成了任务。最后该连士兵全部壮烈牺牲，没有一个人撤出战斗。

从古至今，军队行军打仗都讲究令行禁止，而令行禁止的目的则是使士兵形成高度的组织纪律性，从而精确执行上级的战略部署，获得胜利。组织纪律性体现的是一种执行力，每个人都要坚守自己的位置，在上级下达命令时，不折不扣地执行。

公司是现代社会中一种常见的组织形式，商场如战场，一个公司若要生存下去，必须面对各种各样的困难，并且解决各种困难，使自己更加强大。在公司发展过程中，高度的组织纪律性就显得异常重要。

首先，一个公司何去何从，很大程度上取决于高层的决策方向。但决策不是拍脑门，它涉及公司上上下下全体员工的利益，所以，一个决策从产生到执行，应该有相应的责任机制。试问：如果公司的高层都不愿承担责任，那员工还会有责任心吗？公司会发展好吗？

其次，中层管理者作为执行的中间环节，在组织中的作用主要是上传下达。中层管理者最易出现的问题是，僵硬地执行上级任务或抵触上级任务。

中层管理者更接近一线员工，对现实情况有更深的了解，所以，在接受上级任务后要进行评估，在向下级传达任务时要结合实际情况，及时与上级沟通，向上级反映问题，并提出改进方案，优化最终执行结果。

最后，基层管理者要直接面对一线员工，加强组织纪律性最重要的就是增加一线员工的组织纪律性。

曾经，一位毕业于重点大学的学生到一家世界 500 强的公司工作，虽然公司的规章制度中明确规定：公司任何员工上班时间不得穿短裤、拖鞋。但他依然时常违反规定，穿着这样的衣服在公司亮相。主管多次提醒他，一定要遵守规章制度，否则会影响公司的形象。但是，他依然我行我素，不久就被公司解聘了。他心里很不服气，找经理理论，经理平静地对他说："公司不欢迎不遵守公司制度的员工。"此时，他才意识到没有遵守公司的纪律所付出的代价。

公司的纪律以及各项规章制度，是每个员工都必须去遵守、去执行的。对于个人而言，遵守制度是事业成功的保障；对于企业而言，每个员工都遵守制度，才能有强大的凝聚力和战斗力。

记住：

　　有情的领导，无情的管理，绝情的制度！

---

70. 执行做到 9 段才算成功

在军队里，关系再好的战友，你都无法替他上战场打仗杀敌。在企业里，你唯一能做的就是做出结果，结果要做到 9 段才算成功。

在 20 世纪 60 年代末期"长江实业"未上市时，洪小莲就跟随李嘉诚，担任其秘书，后来又任董事和 CEO。洪小莲是长江实业出名的靓女，长得漂亮，待人热情，更重要的是她的工作作风——执行做到 9 段。

1 段秘书的做法：

递资料——帮领导端茶倒水，发通知，传递资料等。

2 段秘书的做法：

做提醒——递资料，把领导每天、每周的工作行程和时间安排好，按照每天、每周的行程时间表提前提醒领导：比较重要的事项提前一天提醒，特别重要的事项提前一周提醒，并且协助领导做好充分的准备。

3 段秘书的做法：

审资料——递资料，排行程，做提醒，并且帮助领导审核资料，如果有错的或者不合乎流程的，就返回去，不往上交。

4 段秘书的做法：

汇工作——递资料，排行程，做提醒，审资料，并且每周、每月和每季度把直接下属的工作结果和计划汇总起来，及时提交领导。

5 段秘书的做法：

做分析——递资料，排行程，做提醒，审资料，汇总下属工作，帮助领导分析直接下属本周或者本月的工作完成情况，并给出自己的建议。

6 段秘书的做法：

帮汇总——递资料，排行程，做提醒，审资料，汇总下属工作，分析直接下属的工作结果，给出自己的建议。并且帮助领导把其本周、本月的工作结果汇总起来，做好下周、下个月工作计划的初步安排。

7 段秘书的做法：

追措施——递资料，排行程，做提醒，审资料，汇总下属工作，分析直接下属的工作结果，给出自己的建议，汇总领导的工作结果并做好工作计划的初步安排。同时，把领导修改完成的工作计划下发给下属。重要事项，要求责任人提交完成目标计划的行动措施，并且及时提交给领导。

8 段秘书的做法：

追结果——递资料，排行程，做提醒，审资料，汇总下属工作，分析直接下属工作的结果，给出自己的建议，汇总领导的工作结果并做好工作计划的初步安排，下发领导的工作计划，追踪措施，及时汇报，并且每天、每周、每月根据行动措施中的关键节点追踪阶段性结果，及时汇报给领导。

9 段秘书的做法：

做流程——把上述过程做成标准化的"秘书工作流程"，让任何一个没有做过秘书的都可以根据这个流程把工作的结果都做到 9 段。

已经是年薪 1200 万元的"打工皇后"洪小莲说："我之所以有今天的成就，就是因为我有 18 年的秘书工作经历。"

"9 段秘书"不仅是针对这个职务，更重要的是个人成长的规划与动力。而"9 段秘书"的逻辑是结果管理：如果每个人或者每个岗位都做好结果管理，那么他就是这个岗位的 9 段。

执行 9 段的三个层次：

第一个层次，个人角色。

1 段：准确执行——把事情做对，沟通准确，立即行动，快速反应，坚决执行。

2 段：结果导向——苦劳之后要有功劳，拿结果来交换，以结果为导向。

3 段：有始有终——主动反馈，有始有终，及时汇报，不断改进。

第二个层次，职务角色。

4 段：客户价值——做事情提前规划，站在客户的角度考虑问题，令结果超过客户期望值。

5 段：筹划计划——按计划工作，整合资源，合理分工，围绕目标主动安排工作。

6 段：示范监督——做示范，做标杆，监督检查，运营管控，激励纠偏，保证结果。

第三个层次，价值角色。

7 段：制度标准——严格落实制度，对完成好的进行奖励，对完成差的进行严格的处罚。

8 段：文化融合——树立并推动核心价值观的成形，做集体记忆，做文化信仰。

9 段：流程统筹——把做的过程标准化，形成操作流程，并复制、对照、发展该流程。

记住：

在企业里，你唯一能做的就是打造出一支以结果为导向的执行型团队！

71. 管理的一半是检查

人们不会做你希望做的，只会做你检查的！要求才是真爱，迁就等于放弃。

是大学生写家庭作业的执行力比较强，还是小学生写家庭作业的执行力比较强？答案是小学生！为什么？因为小学生的家庭作业有人监督，有人检查。在学校老师监督，回到家家长检查。而大学生的家庭作业，在家家长不检查，在学校老师不检查。

很多时候，人们都不会做你希望做的，只会做你检查的！如果上司对你要求严格，你就可以很快进步；相反，如果上司对你放纵、纵容，你就有可能会犯错误，并且不会成长和进步。

山东某企业是做赊销的，对于员工的日志、报表以及货款回收等管理非常严格。马经理是西南区域的销售经理，下面有十几名业务人员。马经理每周一都会按照公司的规定，严格地收日志、报表并检查货款回收的情况。

某个星期一，马经理像往常一样检查所有人的工作，每个员工也都交了日志、报表，只有小张没有交。小张和马经理的关系非常好，他半开玩笑地对马经理说："老马，你先别收我的报表，昨天星期日，我们晚上打麻将的时候，你欠了我 200 元的麻将钱，你要先还了。"马经理说："唉！小张啊！这可是两码事。"小张说："经理，昨天实在玩得太晚了，忘记写了，通融一下，我今晚补上，明天就交给你，你就不要处罚我了。"

马经理心想，确实也是，就答应了小张。自那以后，小张不是不写日志，就是不交报表，但他总能得到马经理的谅解，因为他的业绩实在非常出色，和马经理的关系又好。直到有一天，小张带着公司 9 万元的货款消失了。马经理急了，只好如实地向公司汇报。

公司没有姑息这件事情，向公安机关报了案。一个月后，人民警察把小张找到了，将其绳之以法。马经理这一年也白干了，奖金也没有了。

贪赃枉法的小张理应受到法律的制裁，而马经理也有不可推卸的责任。可见，管理的前提是"我不相信"，严格地监督检查是必不可少的。人们不会做你希望做的，只会做你检查的，要求才是真爱，迁就等于放弃；越是相信谁，越要检查谁；越是检查谁，才能越相信谁。

记住：
　　越是相信谁，越要检查谁；越是检查谁，才能越相信谁！

72. 追求绝对成长

追求绝对成长而不是相对成长，是迈向成功的关键。

什么是绝对成长？绝对成长的指标有：

内在心灵的更强大，即自信、勇敢、坚强、坚毅。

外在能力的更专业，即专业技术、专业知识、处理与解决问题的能力。

绝对成长就是上述指标的提升。

什么是相对成长？相对成长的指标有：

金钱，即利益的得失、工资的多少。

权利，即职位的高低、级别的高低。

地位，即同事的看法好坏、领导的评价好坏。

相对成长就是上述指标的增长。

绝对成长的表现一。

被提升为主管后可能出现的两种表现有：

（1）相对成长的角度。

我成功了……

一个人在一夜之间能有什么变化，昨天是员工，今天是主管，这就成功了？这是典型的追求相对成长，追求名利、职务、级别。

（2）绝对成长的角度。

我有了更大的平台和更多的机会，可以帮助我更好更快地成长。

从绝对成长来看，这个时候是没有成长的，成功仅意味着新的机会，需要好好珍惜。

绝对成长的表现二。

由于没有兑现承诺，违反了公司规定，被领导接连骂了好几次，可能会出现两种表现：

第一，感到非常灰心丧气，对领导有一种怨恨或者畏惧，甚至选择逃避。这都是追求相对成长，追求面子、评价、看法。

第二，勇敢地回顾自己的问题，反思自己的错误，总结经验教训，同时与大家分享并做进一步探讨，错了就要改正，保证没有第二次。

这就是进步了、成长了，就是绝对成长。

绝对成长的表现三。

自己负责的客户或者工作出现了问题，可能会出现两种表现：

我失败了，时时刻刻都感觉同事、领导好像对自己另眼相看。

这也是在追求相对成长，就算职务、级别降低了，就算同事、领导真的对自己有不好的看法或者评价，难道就失败了吗？

这是一次错误的计划，我要借此解决自己一直以来存在的顽疾。

如果能这么想并且获得突破，那就是绝对成长，因为你真的在进步。

总结：

（1）成长和别人的看法、评价无关，那是别人的事情。

（2）成长和面子、职位、级别无关，那是别人赋予的，也是别人的事情。

（3）成长只和自己有关，自己是否在真正进步，即内在心理是否更强大，外在能力是否更专业。

两位顾客走进一家大饭店，其中一位顾客对另一位顾客说："左边那个门童注定要一辈子当门童，他没有前途；而右边那个人的前途不可限量，迟早会出人头地，做一番事业。"

同伴觉得很奇怪，追问为什么，顾客解释说："你看左边的门童，有人来就开门，没有人的时候就呆呆地站着，什么事情也不做，这样的人每天重复做同一件事情，不会有什么前途；而右边那个就不一样了，在闲着的时候，他会从口袋中拿出一块抹布，把门上的把手和玻璃仔细地擦干净。虽然这些不属于他的工作范围，但是由此可以看出这个人愿意动脑筋，愿意做事情，在不断地成长。如果现在让你从这两个人中提拔一个，你会选择哪一个？当然是后者了。"

记住：
要知道，任何人都是在绝对成长获得提升后，相对成长才会获得回报！

73. 今日事，今日毕

明日复明日，明日何其多。我生待明日，万事成蹉跎。

中国人，中国梦，一个有梦想、有目标、有方向感的人，会把头低下来，做到今日事，今日毕，每天都会有积累，培养一种成功的习惯；而空想的人，则是每天都在做梦，却没有实际行动。

有一次，记者问王永庆：你是怎么从学徒走向成功的？

王永庆回答：日事日毕。

记者又问：你是怎么管理几万人的企业的？

王永庆回答：日事日毕。

记者又问：你希望你的继承者做到什么？

王永庆回答：日事日毕。

生命只有一次，能做的现在就做，做不完的事情即使是不吃、不喝、不睡也要努力做完，保有一份毅力。不要拖延，也不要忽略。否则，终将一事无成！

日本邮政大臣是日本政坛唯一一位担任过内阁成员的女性。年轻时，她扫过马路，做过酒店服务员，当过工厂一线的工人、主管，卖过家具……

做主管期间，有一天晚上，凌晨两点，她忽然从床上起来，翻开工作笔记，穿好工作服，给上级打了一通电话。电话不到一分钟就结束了。

老公觉得奇怪，问她做什么，她回答："在今天的工作事项中，还有一项没有完成，我刚刚想起来。"老公问："很重要吗？"她回答："只是一般的常规汇报。"老公问："为什么不明天一早汇报呢？"她回答："我自己拟定的工作计划就是对自己的承诺！如果我不能做到今日事，今日毕，就没有对工作负责。"

20 世纪 90 年代初，海尔集团赴日本考察时知道了这个故事，从此海尔 OEC 系统的第一大理念就是"今日事，今日毕"！这也是完成海尔人立项的最强理念和工具。任何高远的立项，目标都是从今日、当下、此时开始的。

记住：

无论终点有多远，活好每一个今天！生命只有一次，能做的现在就做，做不完的事情努力做完。

74. 流程畅通，执行有力

流程越简化越容易执行，简化工作流程是所有成功者共同的特质。

执行是一个过程，这个过程就像生产车间的流水线一样，一环套一环，讲求流畅。流程如果不畅通，就会直接影响执行的效果。在大多数团队中，流程一般在形式上并没有任何问题，但会在执行当中表现出不合理。不合理的原因有两个：一个是外行管内行，另一个是权责不对等。

（1）切勿层级不清，职责不明。

在团队管理上，最容易出现的问题就是部门间的相互推诿，而这个问题的出现在很大程度上来源于层级不清、职责不明。团队的组织架构不清晰，智慧系统就会不流畅。如果团队建制不清晰，那么上面的决策出来后，下面的执行肯定是混乱的，执行效率就会很低。

（2）切勿分工不明确，上达下行不顺畅。

团队中间分工不明确，上达下行不顺畅，就容易让成员分不清楚哪些事情该做，哪些事情不该做。团队成员之间就会出现相互推诿的现象，这会大大降低团队的执行力，容易给企业造成巨大的损失。

（3）完善团队监督、检查机制。

每个团队都应该建立监督、检查机制，因为监督检查是保障任务执行的重要手段。而在监督检查的过程中，人们要各司其责、层层落实，才能确保任务执行到位。

（4）管理制度不要朝令夕改。

管理制度具有权威性和严肃性，是团队的中流砥柱，其好坏直接关系到团队的发展。一个团队的管理制度一旦确定下来，就不能轻易更改，更不要朝令夕改，否则会给团队带来伤害。

（5）团队工作流程要合理。

崔西定律告诉我们："任何工作的困难度与其执行步骤数目的平方成正

比，所以必须要简化工作流程。简化工作流程是所有成功者共同的特质，工作流程越简化越不容易出问题。"

执行力要让流程畅通，让流程说话。把做的过程固化为可操作的流程，就是管理的沉淀。然后，不断地改进流程、检讨流程、完善流程。最简单的执行流程是：

S1 事前。

（1）明确结果。

（2）责任承诺：一对一责任。

S2 事中。

（1）结果跟踪。

（2）督导。

（3）"扒皮会议"：以事实为依据，以结果为导向。

S3 事后。

（1）总结收获和经验教训。

（2）即时奖惩。

> 记住：
>
> 汇报工作说结果，请示工作说方案，检讨工作说流程，指导工作说方向！

75. 自动自发——人人都是发动机

凡事主动出击，更"快"、更"好"、更"到位"地完成工作。

很多人都觉得，只要准时上班，按时下班，不迟到，不早退就是完成工作了，就可以心安理得地去领工资了。其实，工作首先是一个态度问题，工作需要积极主动，需要充满热情，需要努力和勤奋，需要自动自发的精神。自动自发的员工，就会获得更多的成功。

有一家企业在 9 楼，没有电梯。一位业务经理带着新来的业务员去这家公司拜访，拜访结束后，经理和业务员下到 1 楼。

经理忽然发现，自己的包不见了。他对员工说："你上楼看看，在 9 楼的办公桌上，有没有我的包？"业务员赶紧爬上 9 楼，看过之后又气喘吁吁地跑到 1 楼对经理说："经……经理……你的包……在 9 楼呢！"经理说："啊？那你为什么不给我拿下来呀？"

这似乎是一个小笑话，但是在企业里，真的有这样的员工，你让他做什么，他就做什么。如果不交代他做，他不会思考，不会主动去做事情。这样的人，我们称之为"活死人"，拨一拨动一动。可是，企业不欢迎这样的"活死人"。

主动是什么？主动就是不用别人告诉你，你就可以出色地完成工作，自动自发地去完成。如果每个人都是"发动机"，那么企业的业绩一定会翻倍地增长。要主动地做好一切，千万不要等着老板来催促你；不要害怕犯错误，要勇敢一些。

木匠上了年纪，准备退休了。雇主很感谢他多年的服务，问他能不能再建最后一栋房子。木匠答应了，可是，木匠的心思已经不在干活上了，干得马马虎虎，偷工减料，用劣质的材料随随便便地就把房子盖好了。

完工以后，雇主拍拍木匠的肩膀，诚恳地说："房子归你了，这是我送给你的礼物。"木匠惊呆了，如果知道是在为自己建房子，他一定会用最优质的建材、最高明的技术，然而现在呢？他却把房子建成了"豆腐渣工程"，他追悔莫及。

每个人都可能是这个木匠，每天砌一块砖、钉一块木板、垒一面墙，最后发现，居然不得不居住在自己建成的房子里。再也没有比"我在为别人工作，给张老板打工，给王老板打工"这样的思想更伤害自己了。

有一个年轻人叫叶楷，在一家汽车经销商的企业里工作，最初只是担任助理职务。但是他很快就成了这家公司的总经理，而且是老板的左右手。他之所以能够在短时间内升到这么高的职位，正是因为他主动提供了远远超出他所获得的报酬更多的、更好的服务。

叶楷是个有心人，他刚去公司上班的时候就注意到，每天晚上所有人下班回家后，老板仍然留在办公室内并且待到很晚。因此，他每天下班后也继续留在办公室看资料。他认为，自己应该留下来，老板有什么需要协助的，可以随时找到他。

从那以后，老板在需要人帮忙的时候，总会发现叶楷就在他旁边。于是，老板就养成了随时随地招呼叶楷的习惯。又因为他能力出色，主动做事情，为公司、为老板分忧最多，最终被提拔到总经理的职位。

自动自发的员工是企业需要的"发动机"，他有力量，有好心态，能够发挥主动性，出色地完成任务。不要再停留在自己的舒适区域里，不成长，不进步；不要再让环境牵着鼻子走；不要再玩这种蝇营狗苟、愤世嫉俗的游戏了，要从"要我做"变为"我要做"。

记住：

　　要主动地做好一切，千万不要等着老板来催促你，企业不欢迎"活死人"！

76. 执行零失误

"100 – 1 = 0"，不管以前干得多好，众多犯人里逃掉一个，便是永恒的失职。

100 件事情，99 件都做好了，只有 1 件事情没有做好，而这 1 件事情就可能对某一公司、单位和个人产生 100% 的影响。在数学上 100 – 1 = 99，而在企业经营上 100 – 1 = 0。水温升到 99℃，还不是开水，其价值有限，若再添一把火，水温再升高 1℃ 就会沸腾，并产生大量的水蒸气来带动机器，从而获得巨大的经济效益。

100 次决策，有 1 次失败了，企业可能会关门；100 件产品，有 1 件不合格，企业可能会失去整个市场；100 名员工，有 1 名背叛了公司，企业可能会蒙受无法估量的损失；100 次经济预测，有 1 次失误，企业可能会破产……

巴林银行是伦敦一家著名的金融企业。它成立于 1763 年，在其 200 多年的历史中，一批又一批的业务员为它效力，经营过无数笔业务。然而，一名小职员在新加坡疯狂投机，给公司带来了 8.6 亿英镑的损失，并直接导致巴林集团的历史宣告结束。

这就是 100 – 1 = 0 的真实写照！很多人工作没有做到位，甚至有些人已经做到了 99%，就差 1%，但就是这点细微的差别，却能够让他们无法取得事业上的突破和成功。

一位管理专家一针见血地指出："从手中溜走 1% 的不合格，到用户手中就是 100% 的不合格。"要想获得成功，就应当自觉地摒弃糊弄工作的错误态度，为自己的工作树立严格的标准。要自觉地由被动管理发展到主动工作，让规章制度成为每个员工的自觉行为，把事故苗头消灭在萌芽之中。

记住：

在数学上 $100-1=99$，而在企业经营上 $100-1=0$。没有缺陷，才算到位！

77. 甘愿做，欢喜受

人生只要做到六个字就能够开开心心、快快乐乐，那就是"甘愿做，欢喜受"。活在确定当中而不是矛盾当中，接受等于智慧。

有的人做一件事情的时候，心不甘情不愿，对于结果也不能欣然接受，总是活在一种不确定的矛盾中。为什么不能改变一下？心甘情愿地去做，开心快乐地去做，而不是愁眉苦脸地去做。对于做完的结果能够欣然地接受，承担责任。

"甘愿做，欢喜受"就是要打造一个快乐的工作环境，那么，要如何才能做到呢？

（1）从自身开始。

要开心快乐地去做任何一件事情，不要指望别人为你带来快乐。从小事做起，再逐步加固快乐。其实，获得快乐的方法很简单，比如，作为"人力资源部经理"，你可以摇身一变，变成"公司快乐工作的啦啦队队长"，而不是"扑灭快乐火种的消防员"。带着快乐的感觉去做事，自然会变得快乐、欢喜。

（2）激发他人的快乐。

快乐具有感染性，一旦你拥有了快乐，就能给他人以鼓舞，促使他们在生活中获得快乐。

——创造能激发快乐的环境

如果你已经可以让自己和同事都感受到快乐，那么快乐就会在你的工作环境中进一步蔓延。适当的环境可以让快乐从一种简单的状态转变为一种快乐的文化，成为"我们做事的方式"。

——庆祝快乐所带来的成绩

要记住这样一个事实：快乐有助于伟大目标的实现。如果一次销售推广会议帮助你和公司突破了销售纪录，别忘了也要对此加以庆祝。

——消除阻碍快乐的一切障碍

大多数快乐工作的障碍都是源自沟通不良，要想重建信任就要从小事做起，一步一步地走向成功。

——在生活中寻找幽默

要想解决工作中那么多的事情，幽默感是不可缺少的。一个没有快乐、没有幽默感的团队，员工会很郁闷。

——不要推迟你的快乐

如果你把快乐安排在明天，你就永远不会得到快乐。

学会微笑和开怀大笑

——因为快乐而闻名！让全公司的人都知道你是一个拥有好心态、好品质，高效率工作且开心、快乐的人。

——远离自责和后悔

做了就做了、错了就改正，绝对不后悔和自责。很多不开心都源于不接受，需要明白的是"接受等于智慧"！

记住：
　　快乐工作，快乐生活，建立快乐的团队文化！

78. 量大是成功致富的关键

量变才会产生质变。

不管是一个公司还是一个人，想要通过销售来获得成功，就要记住并且做到量大。

15 年前，笔者刚开始工作。当时机构规定，每天给客户打 100 通电话，而且要求站着打，因为陈安之老师也是这样走过来的。起初，笔者无法理解这些规定，但是当笔者真的做到了以后就发现，每天打 100 通电话，必然会有 3 个左右的意向客户，有时候会更多。

如今，很多做销售的人，都做不到"量大"这一点。量变才会产生质变！在客户开发阶段：大量地打电话可以过滤出态度优良的优质客户；大量地面谈，见面三分情。

找到你的黄金客户：

（1）对你的产品和服务有迫切的需求。

（2）你的产品与客户使用计划之间有成本效益关系。

（3）对你的行业、产品或者服务持有肯定的态度。

（4）有决策权。

（5）有签大订单的可能。

（6）是影响力的核心，即如果他购买了，会影响到其他的小客户。

（7）财务稳健，付款快。

如果你有大量的黄金客户，那么就不用发愁财富了。所有成功致富的人都在思考，如何让黄金客户的数量不断扩大。想要成功，就要去帮助和服务更多的人。

你的成就永远和你服务的人数成正比，你的收入和你服务的品质及服务的人数成正比。不管在任何时候，如果觉得自己不够成功，就必须把焦点放在服务的人群——如何服务更多人？

记住：

有业绩，就是有努力。没有业绩，就是没有努力，一切都是借口！

79. 遇到问题马上干掉它

主动地、更快更好地解决问题。

在生活和工作中，不可避免地会不断出现问题，需要每天从早到晚地面对，这是你必须要做的。如果员工不能解决问题，就失去了自己的价值。如果你过的是正常人的生活，每两三个月就会遇到一次危机。你是否有能力处理这些危机，就是衡量你的智慧、能力和成熟度的重要考验。

喜欢解决问题的人，不管在任何公司，都是最有价值的人。如果不考虑问题本身，而是关注如何去解决，瞬间你就能由消极转化为积极。不要纠缠或者担心"谁做的"、"做了什么"、"要责怪谁"等问题，应该问问自己："现在我应该做什么？"越是关注解决问题，越能发现更多的解决方案。最终决定整个职业生涯发展的是，你能否解决工作中遇到的问题。

解决问题的六个步骤

（1）找到问题的真正原因。

问五个"为什么"就能找到问题的真正原因。

（2）找出所有的解决方案。

你想到的方法越多，就越有可能找到最理想的方法。不断地问自己："还有什么解决方法。"

（3）做出决策。

做出决策，即使实施得不好，也好过没有决策。

（4）明确责任，贯彻决策。

到底谁去做，做什么，什么时间做，做到什么标准。

（5）规定汇报时间和考核标准，衡量决策是否成功。

没有最后期限和考核标准的解决方案根本就不能称作解决方案。

（6）立刻采取行动。

立刻采取行动落实方案，或者派人去落实。

"头脑风暴"解决棘手问题

当你遇到棘手的问题时，该如何去解决呢？可以使用迄今为止最佳的方法，叫作"头脑风暴法"。

美国北方大雪纷飞，通信电缆上压满积雪，许多大跨度的电缆被压断。如何除雪迫在眉睫，某电信公司的总经理实在想不出办法，召集下属进行"头脑风暴"，最终解决了这个难题。

"头脑风暴"的规则是：

（1）自由奔放。

（2）集中思想。

（3）延迟评判。

（4）以量求质。

（5）组合运用。

（6）全程记录。

（7）多层筛选。

（8）确定方案。

大家想了很多方法，比如采用电热、专用清雪机或者磁振荡等方法，但是成本都比较高。有个员工感叹道："那就只有让上帝来扫雪了。"另一个员工立刻来了灵感："让飞机来扫雪！"最终，总经理采纳了他的方案，大雪过后，出动直升机沿积雪严重的电缆飞行，依靠调整旋转螺旋桨，将电线上的积雪迅速扇落。

记住：

抱怨问题，不如解决问题！是否有能力处理危机，就是衡量你的智慧、能力和成熟度的重要考验。

80. 把简单的事情重复做好就是不简单

把容易的事情持续做好就是不容易。兢兢业业做好工作中的每个细节，重复的环节更要细致地做好。

每个人都希望自己是职场中的精英、商业上的英雄，但并不是每个人都能如愿以偿，那些成功的人往往就是把一件简单的事情做到不简单的人。在这样的人眼里，事情不分大小，没有性质，只有"一定要完成，并且要完成得出色"的想法。

笔者去深圳一家珠宝企业做培训，公司老板李总跟笔者说起了这样一个员工：

公司有个员工叫周冰，主要负责珠宝、项链上面的价格标签。她每天都在不停地贴价格标签，工作单一而又枯燥，但是却非常认真，不仅每个钻戒、项链上面的价格打得很准确、精细，而且不会遮盖珠宝最重要的闪光点。她在这个岗位上一干就是两年，始终如一。

周冰的工作态度让老总非常感动，年底的时候，李总悄悄塞给周冰一个厚厚的红包，并且在来年还将她晋升为主管。

衡量一个员工是否称职的标准就是看他能否把每一件事情，不管大小都完成得很好。一个优秀的员工，总能把简单的事情做得很成功。

谁说扫大街是一件简单的事情？谁说认真工作的清洁工不是了不起的人？企业的业务本来就是由一些大事小事构成的，如果连简单的小事都无法做好，领导怎么敢让你们干大事呢？

"把简单的事情做到不简单"是一句很容易说的话，但是真正做到的有几个人？有些员工一天到晚都在不停地抱怨企业不给自己机会，领导对自己重视不够，但是机会到来的时候你真的把握住了吗？企业给你布置工作，就是给你机会，就是对你的器重，将这些事情做好了，你就一定会受到重用。

干一行爱一行，干一行就要干好一行！世界上，既没有低级的工作，也没有简单的行业。不管现在的你在公司从事什么工作，做什么样的事情，都不要眼高手低，只要将事情做到最好，就能获得升迁。是金子总会发光，是人才公司一定会发现你、重视你，让你实现自己的价值。

> **记住：**
>
> 踏踏实实地工作，不急不躁地生活！

81. 知道但做不到，等于不知道

工作就要做到位，半到位和不到位是最难受的。

谁不知道吸烟有害健康？但是，很多人仍然在吸烟。谁不知道身体健康需要锻炼？但是，很多人懒于行动。谁不知道电脑看多了会伤害眼睛？但是，年轻人每天都在不停地看电脑、手机、电视。谁不知道学习的重要性？但是，公司里又有几个真正上进的人？谁不知道敬业地工作才能拿高薪？然而，又有几个员工是真正为老板着想的？很多大道理说得太多了，就没有用了。因为知道但做不到就等于不知道。问问自己，在追求成功的路上，你行动了多少？

张大千是一家快速消费品公司的员工，一直是不温不火的工作状态，待遇也不高。其实他的工作能学到很多东西，比较锻炼人，薪水也过得去。然而，老板每次跟他交代工作，他总是说："我知道了。"但是，他每次都做不到，或者只做到最低标准或者马马虎虎。

和老朋友交流的过程中，他发现大家干得都不错，好像都比自己好。于是，他便对自己的现状不满意了，开始考虑怎么和老板提要求加薪或者找准机会跳槽。

张大千找到一次和老板单独喝茶的机会，开门见山地向老板提出了加薪的要求。老板笑了笑，并没有答应，让他踏踏实实把工作做好再说。张大千觉得很失落，不但没把工作做好，反而更加打不起精神做事。一个月后，老板开始"清理门户"，把张大千的工作移交给了其他人，张大千递出了辞呈。

遗憾的是，离职以后，近半年的时间，张大千都没有找到合适的且高于这家公司给出的薪水待遇的工作，他后悔莫及。

很多员工在企业里做事情，嘴上说知道，就是做不到。浅尝辄止，凡事做到最低标准就算了，得过且过地混日子：

5% 的人没有表现出来是在工作，他们是在制造矛盾、无事生非——破坏性地做。

10% 的人正在等待着什么——不想做。

20% 的人正在为增加库存而工作——"蛮做"、"盲做"、"胡做"。

10% 的人没有对公司做出贡献——在做，不过是负效劳动。

35% 的人正在按照抵消的标准或者方法工作——想做，但不会正确有效地做。

只有 20% 的人属于正常范围的努力工作，这就是伟大的 20/80 法则。

有些人虽然有潜力、有能力，但只是泛泛地了解一些知识和经验，应付了事地做事情。知道但做不到，其实等于不知道。也正是知道但做不到，使很多人失去了成功的机会。

> **记住：**
> 要么全力以赴，要么走人，否则，害了自己，更害了公司！

82. 像老板一样思考

像老板那样思考是对员工的思维能力的较高要求，是员工能力提升的重要准则，也是企业提高业绩的关键。

在 IBM 公司，每个员工都有一种意识——我就是公司的主人，并且对同事的工作和目标有所了解。员工会主动接触高级管理人员，会与上司保持有效沟通，对所从事的工作更是积极主动，并能保持高度的工作热情。

作为公司的员工，从进入公司的那一天起，你就要开始了解公司和公司的人，对公司的规章制度、产品特征、市场实力和公司的企业文化都要有所了解；同时还要了解同事、上司、老板，了解他们都是什么样的人，有什么样的脾气秉性、工作作风、性格特征。有时候在工作中，还要了解为什么他们要这样处理问题，而不是像你想象中的那样。

你能够体会到老板的苦衷吗？只有当你能体会到老板苦衷的时候，你才能真正做到像老板那样思考。老板也是人，他考虑的问题比一般员工要多，那么怎样与老板打交道呢？

请思考以下问题：

（1）如果我是老板，会怎样对待每一个客户？包括投诉的客户？

（2）如果我是老板，希望员工怎样完成一个项目？

（3）如果我是老板，面对公司中无情的浪费，会怎么做？

（4）如果我是老板，是不是要保证自己的言行举止符合公司的要求，代表公司的利益，以免对公司产生不良的影响？

（5）如果我是老板，面对员工的不忠诚，我会怎样做？

（6）如果我是老板，今天自己的工作能不能给公司一个满意的交代？

……

不要把老板当成敌人，相反，应该把老板当成你的贵人。很多人认为，自己创造的价值被老板剥夺了。你应该明白一件事情：要生存就要有一份工作，有了工作就要尊重工作，这也是尊重自己。只要你还是公司的一员，就应该全心全意地为公司着想，就应该把公司的利益放在第一位。

像老板一样热爱公司、忠于公司，老板一定会器重你。当你像老板一样付出了自己的心血时，自然能坦然从容地提高自己的能力、高度和水准。思路决定出路，格局决定结局！

站在老板的立场上，为公司节省开支，公司也会相应地回报你，奖励不一定会在今天，也不一定会在下个礼拜，甚至会在明年也说不定，但是它一定会到来，只不过它的表现方式可能不是以现金来计算的。

一次，笔者到成都的企业做培训。现场有 100 多位店长，他们都非常有激情。笔者给他们培训了两天，感到非常轻松愉快。在培训过程中，笔者了解到他们为什么这么优秀、有活力。

原来，这个企业仅用了三年的时间，便从一无所有，找别人给自己贴牌，发展到有自己的工业园，并产生了很多小富翁。在 100 多位店长中，有 1/3 的人已经成为企业店面的小股东。他们非常有责任心，也非常热爱公司、热爱老板。笔者感到非常震惊，原来企业的发展和员工具有老板思维、老板心态有如此大的关系。

记住：

当你像老板一样思考的时候，实际上你已经是一位老板了！

83. 每天都要进行日结果承诺

管理要简单化,人生没有那么复杂,要认认真真过好每一天,让自己每一天都有结果。

以一个小部门为单位,每天早上都要开早会进行日结果承诺。把今天要做的工作结果清晰地进行宣誓,那么"日结果承诺"有什么意义呢?

(1)什么是执行:执行就是有结果地行动!公司靠结果生存,员工靠结果交换;企业不做结果会被市场淘汰,员工不做结果会被企业淘汰;把承诺书和挑战书细化成每一天量化、数字化的结果。承诺结果、主动汇报结果、检查结果、考核结果就是执行的过程。

(2)公众承诺的原因:有承诺做事情比没有承诺做事情更容易成功!公众承诺给自己动力和能量。成功取决于一个决定,只有你自己才能做出这个决定。

(3)成功就是达成每一个既定目标:只有全力以赴地完成每天的结果,才能实现超越目标的使命,才能完成短期、中期、长期的目标,最终实现人生梦想。

(4)做负责任的人:责任的背后隐藏着机会!不负责是你最大的风险!对自己负责、对结果负责、对团队负责、对公司负责、对客户负责,责任会让你成为团队的核心!承担责任并不可怕,可怕的是不敢接受挑战,可怕的是没有全力以赴,可怕的是没有开发潜能。

(5)检查的重要性:最高境界的检查是自我检查,最高境界的惩罚是自我惩罚。若未完成日结果承诺要进行自我惩罚,建议以做 20 个俯卧撑的方式来进行自我惩罚。要求才是真爱,迁就等于放弃!越相信谁就越检查谁,越检查谁就越相信谁!要检查就从"日结果承诺"的检查开始!

早会日结果承诺表

日期：年 月 日

日结果承诺：（必须有数字化、量化可考核指标）

姓名：

部门：

夕会自我检查：

日结果完成情况：

改善措施：

未完成的自我惩罚：

（例如，20 个俯卧撑）

领导检查：

领导建议：

记住：

　　每一天都承诺结果，每一天都做出结果，结果才是硬道理！

84. 宁可把汗水流在训练场上，也不能把血水流在战场上

没有经过训练的士兵能打胜仗吗？没有经过培训的员工能有业绩吗？培训很贵，不培训更贵。没有经过培训的员工每天都在得罪客户和浪费企业的资源。

很多公司都希望在激烈的市场竞争中取胜，然而却不懂得取胜的要素是什么。以笔者 15 年的经验给大家提出的建议就是：一定要训练，训练，再训练！培训，培训，再培训！没有训练过的士兵能打胜仗吗？没有训练过的球员能赢球吗？没有训练过的舞蹈演员能上台跳舞吗？没有训练过的销售人员能做好销售吗？没有训练过……

如何做训练呢？

第一，一定要开激励性的早会，并做训练。

首先，早会的意义。

早会的意义在于灌输企业文化，把培训和训练做到日常化。

真正的企业文化是，所有员工有统一的行为模式和行为习惯。早会必须进行训练，企业提倡什么文化就灌输什么理念、训练什么项目。当然，早会不能流于形式，必须通过每天早会的训练来灌输企业思想，让所有人成长和蜕变。因为员工不成长、不进步是企业最大的悲哀。

其次，早会的功能。

早会就是训练场，要每天操练，操练内容包括话术、心态、团队等。

最后，早会的流程。

早会前，各部门提前 5 分钟集合，由各部门早会教练带领各部门喊口号三遍、喊队名三遍、喊部门目标三遍，然后进行军事化训练。早会结束后，再喊一遍部门目标、队名和口号。

要对主持人的要求与功能进行调整和提高，主持人是早会的教练，每天必须训练一个项目，灌输和讲解《快速打造团队的 126 条定律》。公司提倡

什么就训练什么。例如，提倡员工团结，可以训练拥抱；提倡赞美客户，就训练员工之间相互赞美。

每个早会教练要准备几个训练项目：

（1）要训练大家疯狂的状态与激情，让大家多喊多动，必须在训练项目上下功夫。

（2）早会教练须注重早会整体气氛，注重互动。

（3）管理者应该是第一培训师！早会教练中，各部门经理应该带头。

（4）记录早会训练过的内容和即将训练的内容，避免重复。大家非常认可的、好的训练项目可以重复做。

（5）早会流程总体不变，比如日结果承诺、动力早餐、既定的训练项目和喊口号。

（6）唱起来，跳起来，喊起来，动起来，操练起来。

（7）确定早会教练名单并进行排表。

第二，持续坚持训练，每个月至少做两次专题训练。

通过不同的专题训练，让员工在思想上、意识上、技能上都有所提升。总之，缺什么补充什么。训练必须是持续不断的，否则效果很有限。

第三，一定要做角色扮演。

伟大的公司都离不开伟大的训练，训练就一定要做角色扮演。你知道麦当劳、肯德基、丰田汽车等企业是怎样训练的吗？他们都有训练手册，让大家学习手册；之后，再把手册的内容拍摄成 DV 录像，让员工看录像；然后，再做角色扮演，有人扮演客户，有人扮演员工。在角色扮演中，企业的队伍迅速茁壮成长，在市场上才能所向披靡。

第四，一定要将内训和外训相互结合。

很多公司是头痛医头，脚痛医脚，发现执行力差了，赶紧请老师来讲执行力；发现员工心态不好，赶紧请老师来做团队训练；发现生产有问题了，赶紧搞生产培训。可是，培训老师不是医生，培训和训练需要有计划地去做，需要全年度的培训预算、培训调研、培训对象的安排、培训时间的安排。

一定要把内部培训和外部培训相互结合起来，一年至少要请 2～4 次外部讲师，内部要有自己的师资队伍。即使你的公司不是海尔、不是华为，也要让企业中业绩最好的人来做内部销售培训讲师，让企业中生产最好的人来教生产技术，让企业中财务最好的人走上讲台来讲财务。不用担心不会说，上台次数多了，自然就会轻松自如了。

一定要有内部的培训"造血"系统，不能只依赖外部，但也不能只依赖内部，要两者相互结合。因为毕竟外来的和尚会念经。

第五，一定要每天集体背诵《快速打造团队的 126 条定律》。

为什么每天都要背诵《快速打造团队的 126 条定律》？答案是，因为它有效果，有效果比有道理更重要！

人的行为是思想的产物，没有思想就没有文化，就没有行为，就没有结果。《快速打造团队的 126 条定律》是笔者 15 年来总结的优秀团队的共同特质，可以帮助企业打造高度思想统一的团队。只有思想统一并且发生共振，团队才能成功。这个共振就是，大家一起背诵《快速打造团队的 126 条定律》的过程。

记住：

　　军人之所以强大是因为每天都在进行操练！

85. 成长就是克服困难的过程

优秀员工的核心素质是，遇到困难的时候，能够主动想办法解决问题，而不是找借口、找理由，规避责任和风险。

成长是工作和生活的动力，有了这个动力，才能明白人生的另外一种含义，才能不断地克服一个又一个困难，才能和公司一起成长。

由于公司安排失误，旅游旺季到来的时候，一家旅行社的签约顾客居然一个都没有来，旅行社陷入了前所未有的危机之中。

老板觉得自己对不起员工，"很遗憾，公司出现了这样的事情。现在，公司的资金周转很困难，我只能给大家发两个月的薪水让大家暂时先用着。我知道，有的人想辞职，要是在平时我会挽留大家，但是在这个时候大家如果想走，我会立刻批准"。老板抱歉地说。

"老板，您放心吧，我们是不会走的，我相信我们一定会战胜困难。"一个员工说。

"是的，我们不会走。"很多人都在说。结果，所有的员工都留下来了，积极地为老板出谋划策。最终，大家共同帮企业渡过了难关，后来企业的业绩甚至比以前更好。

每当提起过往的时候，老板总会说："我最应该感谢的是我的员工，他们的忠诚和坚守给了我动力。让我在最困难的时候挺了过来，我为有这样的员工感到骄傲。"

还有一个故事。

某电缆厂的主要工作是把粗铜条抽细，然后再把剩料变成电线，因为抽的速度很快，为了避免穿眼模，就要把前一轴铜条的尾部和新轴的头部用冷焊机焊起来。问题是操作起来并不容易，新焊手焊十条断八条，断一次就要重新穿眼模，穿一次眼模需要 40 分钟，又累又热又脏，即使是老师傅，焊十条也要断两条。但是多年来，所有电缆业从业者都不能克服这个问题。

刘亮是个积极上进的年轻人，来到企业后，他想彻底解决这个大难题。通过研究他发现，铜线的断面在咬牙的时候会产生引力，如果不均匀，在高速抽拉时就容易断掉，而转一下就能让引力均匀。最终，刘亮得到一个结论：要想焊接的时候不断，就必须转一下，但是必须转得精确，于是他就在冷焊机上做了一个 90°导杆，转三下 270°刚好一圈回来。做好以后，只要按照标准作业，就不会再断。困扰这个行业多年的问题，就这样解决了。

刘亮在这个过程中得到了充分的成就感和喜悦，这不是用钱能买来的。他在自己的事业上不断地成长和进步，这种进步来源于不断地克服困难以及不停地钻研。

记住：
只要思想不滑坡，方法总比困难多！

86. 我是公司一块砖，哪里需要就往哪里搬

当公司需要你的时候，你要义不容辞地顶上去，支援同事、支援其他部门、支援公司。

服从公司的调遣是一项考验，需要个人付出相当大的努力，尤其是对于一向珍惜个人自由、主动工作的员工来说更是如此。公司中管理者的成败，很大程度上取决于员工有没有学会服从。善于服从的员工必须暂时放弃个人的独立自主，全心全意去遵守所属公司的价值观念。

职场中，很多员工会这样做：

"啊！终于下班了！"甚至在下班前的半个小时就已经收拾好案头，只等铃声一响，就像出巢的燕子。

"老板，我是搞设计的，您让我干别的，那可是分外的事情啊！要么给我奖金，要么我不干。"

"加班，加班，怎么老有干不完的活啊？真是烦死了！"

"算了，不是我的事，我才不管呢！"

"千万别多揽事，多一事不如少一事，干得多，错得多，何苦呢！"

如果你也有和上述员工一样的想法，那就非常糟糕了。

社会在发展，公司在成长，个人的职责范围也随之扩大，不要总以"这不是我分内的工作"为理由来逃避责任。当额外的工作分配到你头上时，不妨将其视为一种机遇、一种挑战、一种考验。如果不是你的工作你做了，你的老板一定器重你，这就是机会。

如果同事把一些本来不归你负责的工作交给你，或者你的上司在你已经忙得不可开交时又吩咐你做一件额外的工作，你是接受，还是逃避？

这时，不妨尽自己所能把它做好，原因有三：

（1）反正你在办公时间总是要做事的，不论谁的工作都是公司的事情。

（2）不妨把这次工作当作一次锻炼和学习的机会，多学一种工作技能，

多熟悉一种业务，对自己而言是一种成长。

（3）这也是展现自己才能和促进同事之间关系的机会，如果你能任劳任怨地尽心完成，一定会赢得上司或者同事的好感。

另外，老板的眼睛都是睁得大大的，会将你的所作所为看得一清二楚，如果你能早一点到公司，说明你十分重视这份工作。多做一些分外的事情，也许不会立刻加官进职，但是坚持如此，那是早晚的事。

记住：

　　绝对服从公司的调遣，主动"补位"做公司需要的事情！

87. 执行型人才三大特质——坚守承诺、 结果导向、永不言败

中国企业不缺少雄韬伟略的战略家，缺少的是精益求精的执行者。

执行型人才的第一个特质——坚守承诺。

董存瑞，1929 年生，河北省怀来县人，出身于贫苦农民家庭。他当过儿童团长，13 岁时，曾机智地掩护区委书记躲过侵华日军的追捕，被誉为"抗日小英雄"。1945 年 7 月参加八路军，后任某部六班班长。1947 年 3 月加入中国共产党。他军事技术过硬，作战机智勇敢，在一次战斗中只身俘敌十余人。先后立大功 3 次、小功 4 次，获 3 枚"勇敢奖章"、1 枚"毛泽东奖章"。他所领导的班获得"董存瑞练兵模范班"称号。

在电影《董存瑞》中，董存瑞任爆破组组长，上级交给他国旗，并下达了命令，董存瑞说："保证完成任务！"这就是承诺，他带领战友接连炸毁 4 座炮楼、5 座碉堡，胜利完成了规定的任务。

在真实的历史上，1948 年 5 月 25 日，我军攻打隆化城的战斗打响。董存瑞所在连队担负攻击国民党守军防御重点隆化中学的任务。连队发起冲锋，突然遭到敌军一隐蔽的桥型暗堡猛烈火力的封锁。部队受阻于开阔地带，二班、四班接连两次对暗堡爆破均未成功。董存瑞挺身而出，向连长请战："我是共产党员，请准许我去！"接着他毅然抱起炸药包冲向暗堡，前进中左腿负伤，顽强坚持冲至桥下。

由于桥型暗堡距地面超过身高，两头桥台又无法放置炸药包。危急关头，他毫不犹豫地用左手托起炸药包，右手拉燃导火索，高喊："为了新中国，冲啊！"碉堡被炸毁，董存瑞以自己的生命为部队开辟了前进的道路，年仅19 岁。他用生命捍卫了最终的结果，坚守了他的承诺。

回想历史中的董存瑞，看看今天在工作中的自己，我们不需要牺牲生命，我们过着幸福的日子。然而，你答应了上级领导的目标，有没有去全力以赴，

想尽一切办法去完成它呢？

执行型人才的第二个特质——结果导向。

结果导向就是对结果负责，在外资企业中，结果导向是不折不扣的，如今一些民营企业也在渐渐地引入这种观念。结果就是工作目标，没有讨价还价的余地。在许多公司中，素质还算不错的人才，包括销售员、会计、高管等，都是由于在"结果导向"这个问题上做得不好才被裁掉的。

1971 年，佛雷德·史密斯联邦快递怀着雄心创立了联邦快递公司，公司的核心理念就是，"不计代价，使命必达"。也就是说，不管发生什么事情，都要达成结果。

"9·11 事件"之后，美国在全国范围内实行禁空令，但是联邦快递却在 12 个小时内租用了 800 辆卡车，继续开展快递任务，实现准时送达。

执行型人才的第三个特质——永不言败。

有人在工作中遇到困难就会轻易放弃甚至离职，这样所有的问题都会跟着你走出这家公司的门，进入下一家公司的门。

大学毕业的阿良，在亲戚的引荐下，进入了一家商贸公司。该公司主要经营汽车安防用品，干了不到一个月，他就随便找个理由辞职了。

原来，阿良先是干销售，考虑到他是熟人推荐，上司对其进行了重点培训。之后，上司把他安排在一个基础好的汽车店"蹲点"，期望他能协助卖场的服务员推销公司的产品，一起提升业绩。没想到，他在卖场傻站着，发挥的作用不大，还和其他人都相处不融洽。

考虑到他的个性，上司准备调他去安装部。阿良感觉没有面子就辞职了。

轻而易举就放弃的人，不仅浪费了企业的人力、物力成本，还浪费了领导的一番栽培。在工作中遇到困难，最好的方法是，当下把问题修正、改善、克服，只有这样才能脱胎换骨。

记住：

让自己成为企业所需要的执行型人才！

88. 合理的要求是训练，不合理的要求是磨炼

"不合理"才有机会。

当某项工作出了问题，需要追究责任的时候，一些人会直接推卸责任，另一些人虽然不会这样做，但是也会表达出"不合理"：

"我是有责任，但是只追究我的责任是不合理的。"

"这样的要求是不合理的。"

"我已经做了我该做的，这样处理不合理呀！"

"这件事情，让某某部门做更合理。"

"安排我做这件事情不合理！"

"从公平角度来看，这不该我去承担。"

……

其实，在工作中，完全做到合理是不可能的。很多时候，管理者心里也知道不合理，但是不合理的事情也要有人去担当，于是不得不委屈一些人。当然，委屈是不会白受的，明智的管理者会用其他方式对受到委屈的人进行补偿。可惜的是，很多员工并不能领会到管理者的苦衷，因此也丧失了机会。

"合理的要求是训练，不合理的要求是磨炼。"怎样理解这句话呢？锻炼可以造就通常意义上的人才，磨炼则可以造就非常出色的人才。

刘经理是某生物制药公司的销售经理，负责河南市场，他的业绩是 15 个销售办事处排名第一的销售冠军。公司年初进行区域调整，让他负责西藏市场。

关于这一任命，谁都认为不合理，包括他本人，因为他打拼下来的郑州市场已经很成熟，如果继续担任郑州办事处的经理，一年可以轻松赚取 20 多万元的回报，而西藏却是一片待开发的市场。大家认为，这是最难开发的市场，能否开发成功还是个未知数。

刘经理找到老板，表示想继续担任郑州市场的经理。老板说："西藏的

确是最难开发的市场，但最难的事情也要有人去做呀，而且你是公司最能干的人，你能把最难的事情做好了，你就有更大的机会。"听老板说自己是最能干的人，刘经理的斗志来了，决定接下这个市场。

两年后，西藏市场的销量在公司排名第一，郑州反倒成了第二位。刘经理被老板任命为公司的销售总监，年薪 300 多万元。他终于明白了老板说的"更大的机会"。

在企业中，当你遇到"不合理"的事情时，不要草率地采取逃避的态度，应该仔细看一看，不合理的背后，是否隐藏着机会。

记住：

　　万事万物，只要存在的就是合理的！

---

89. 发火是无能的表现

不同的人处理愤怒的方式是不同的，有的人沾火就着，很容易被激怒；有的人会过分压抑愤怒；有的人喜欢把情绪转移。这三种人都需要"管理好自己的情绪"，否则就会引起心理疾病。愤怒和发火是情绪的不良表达！

不善于调控愤怒情绪的人，常常会因为不考虑时间、场合、对象，胡乱地发泄愤怒而给自己带来不少麻烦，轻则得罪同事、家人，重则导致丢饭碗、离婚等不良后果。这样的人，往往在人格上具有很强的冲动性，喜欢以冲动的方式来暂缓内心的压力，而冲动的行动会导致更加困难的局面和处境，甚至对手的最终报复。

过分压抑愤怒的人，往往表现得温顺而顾全大局，在外人看来是真正的好人，但其内心却压制着如烈火般的情感。他们如同一座沉默的火山，外表是平静的，而内心却是汹涌的，一旦某天遇到忍无可忍的情况，就会来一次总爆发。研究表明，长期压抑愤怒，可能引发胃病、肿瘤。这样的人需要在心理医生的帮助下，练习直接用语言表达感情。

转移愤怒情绪的心理，在生活中很常见，有一个幽默故事深刻地刻画了这种现象。

一位男子在公司受尽了委屈，可是为了饭碗，他不敢与老板顶撞，只好把一肚子的窝囊气全往妻子身上撒。妻子将这股怨气转移到孩子身上，孩子被母亲骂了以后，就跑去踢狗。莫名其妙被踢的狗窝着火跑到街上咬了一个行人，而那个行人恰好是公司的老板。

很多时候，如果觉得和直接产生矛盾的人沟通有困难，很多人就会采取其他渠道泄愤，但是真正正确的做法是，在产生愤怒的地方解决愤怒，尽量找机会恰当地表达自己的意见。发火不是最好的方法，沟通才是上上策！

情绪管理的四种小诀窍：

（1）在问题发生时，学会问自己问题。

比如，这件事情的发生对我有什么好处？我从中学到了什么？从今以后，我该如何做才能避免发生这样的错误？

错误的问题是，我怎么这么倒霉？我怎么这么不如别人？

（2）在问题发生时要改变情绪，最快的方法就是改变身体状态。

动作可以创造情绪，这是身心互动原理。要想有愉快的情绪，先要有愉快的动作；要想有愉快的动作，先要有强烈而夸张的表情。把愤怒发泄出去的有效方法是，双手握拳，奋力挑起，然后把嘴巴闭紧，让所有不良情绪都从肝、肺、鼻腔散发出去，连续一分钟，非常有效。

（3）改变一种语气，就能改变一种情绪。

负面词语不但束缚自己，而且会影响别人。其实，换一种语气、换一种词语来表达，就会改变情绪。

有一次，张飞带兵打仗，因为没有计划好而打了败仗。张飞让士兵撤退，士兵情绪不高。为了激励军心，张飞立刻换了一种说法："我们不是真的撤退，而是换个方向前进。"大家一听，立刻来了精神头。

（4）学会倾诉与沟通。

在心情好的时候，我不止一次地告诉老公与我沟通的重要规则：不能让我生隔夜气，有什么矛盾必须当天解决，解决之后才能睡觉；遇到不愉快的事情时，不要自己生闷气，要交一两个知心朋友，找到他们听你倾诉。但是，最终还要学会妥协、宽容和谅解，不要钻牛角尖，不能让自己的情绪进入死胡同。做个有智慧的人，要学会自我开导！

记住：

冲动是魔鬼！冲动的行动会导致更加困难的局面和处境，甚至对手的最终报复。

---

90. 先处理心情再处理事情

制造好心情，消灭坏情绪。

有一个男孩失恋了，痛苦地到酒吧喝酒，直到酩酊大醉，才踉踉跄跄地回了家。并且，他陷入了被女人抛弃的痛苦中，从此一蹶不振。

另一个男孩也失恋了，他也跑到酒吧喝酒，但却是为了庆祝："结婚前分手总比结婚后分手要好。"他觉得自己虽然难过，但又可以重新开始自由的生活，又可以"飞翔"了。在酒吧里，他与另一位单身女孩友好地攀谈，并制造了新的契机。

可见，调整心情其实是调整自己的注意力！

在古老的西藏有一个叫爱地巴的人，每次和别人起争执生气的时候，就会以最快的速度跑回家，绕着自己的房子和土地跑三圈，然后坐在田地边喘气。经过努力，爱地巴的房子越来越大，土地也越来越多，但是不管有多少房子和土地，只要与人争论生气，他还是会绕着房子和土地跑三圈。

爱地巴为何每次生气都会绕着房子和土地跑三圈？所有认识他的人都感到很疑惑，但是不管怎么问他，爱地巴都不愿意说。

爱地巴年龄越来越大，房子和土地已经很多了，他又生气了，挂着拐杖艰难地绕着房子和土地行走，等他好不容易走完三圈，太阳都下山了，爱地巴独自坐在田边喘气。孙子在他旁边恳求他："爷爷，您的年纪大了，这附近也没有人比您的土地更多，您不能再像以前那样，一生气就绕着土地跑啊！您可不可以告诉我，为什么您一生气就围着土地跑啊？"

爱地巴终于对他的孙子说出了秘密："绕着房子和土地跑的时候，我就会边跑边想，我的房子和土地这么少，哪有时间和资格去跟人家生气？一想到这，我的气就消了，于是就把所有时间用来努力工作。"

孙子问："爷爷，您年纪大了，也有钱了，为什么还要绕着房子和土地跑啊？"爱地巴笑着说："现在绕着房子和土地走三圈，我会边走边想，我的房子这么大、土地这么多，何必跟人计较呢？一想到这，气就消了。"

我们要学习爱地巴自我调整的方法，用平易温和的方式，使自己在不良的情绪中得到抚慰。闹情绪的时候，安抚自己的内心远比找其他人发泄要高明许多！

> **记住：**
> 好心情的密码就是有意识地洞察自我的情绪走向！

91. 同理心就是你的痛在我心

想让别人理解自己，自己就要先理解别人。

一个风雨交加的夜晚，一辆出租车送完最后一位乘客，行驶在返程的路上。忽然一道闪电划过，出租车司机看到一位身穿白色连衣裙的长发女孩伸手拦车。虽然司机很想回家，但又一想，这么晚了，又在下大雨，女孩一定很着急，便动了恻隐之心，决定送这一位乘客。

女孩上车后，坐在后座上，冷冷地说了一句："八宝山。"司机不由得打了个寒战，虽然他不相信有鬼，但是这么晚了去那种地方还是觉得有点瘆得慌。司机硬着头皮启动了车子，心想，一个女孩，这么晚了，去那种地方干什么呢？不会是……想着想着，便不由得瞥了一眼后视镜，后面没人！他立刻扭头看后座，发现女孩好端端地坐在那，正对着他笑。

司机不好意思地转过头去，心想，刚才后视镜里没有人，难道是我眼睛花了吗？可她为什么对着我笑呢？司机纳闷地想着，不由得又去看后视镜，还是没有人，怎么可能呢？他迅速回头，女孩依然坐在那里，不过是用眼睛瞪着他。

司机不敢正视女孩，赶紧又转过头去。听说鬼在镜子里是看不见的，难道是真的？他边想边往后视镜看，还是没人！天啊，我真的是见着鬼了！突然一声雷鸣，他一哆嗦，条件反射地踩了急刹车，然后慢慢地向后望去。女孩披头散发，脸煞白，鼻子在往外冒血，正愤怒地瞪着他。鬼！真的是鬼！司机还没来得及张口说什么，就晕了过去。

警车上，女孩接受警察的询问。女孩说，我今天上夜班，很累，又赶上下雨，心情很不好。下班后我见路上有辆出租车，就伸手拦车。我住在八宝山边上的小区，由于心情不好就只说了句"八宝山"。司机开了车，一会儿，我觉得鼻子痒痒就抠鼻子。你也知道，一个女孩子，让人看见抠鼻子多不好，于是我就低下头来抠。可是我刚开始抠，司机就转过头来看我，我急忙抬起头不好意思地对他笑了笑。他转过头后，我刚低头抠，他又转头看我，我很生气，就用眼睛瞪他。他可能不好意思了，就赶紧把头转过去。我想他这回不会打扰我了，就放心地低头抠鼻子。可是不知道怎么回事，他忽然踩了急刹车，结果我整个人往前一栽，鼻子竟然给磕破了，头发也被弄乱了，我很生气地看他，结果他张着嘴就晕过去了……女孩很茫然地回顾着。

看了这个案例，你是不是觉得啼笑皆非呢？同理心第一重要的就是改变自己的思维定式，否则，非但不是同理心，反而是在盲目地揣测别人。

所谓同理心就是，进入并了解他人的内心世界，并将这种了解传达给他人。在人际交往的过程中，拥有同理心的人一般都能体会他人的情绪和想法，理解他人的立场和感受，并站在他人的角度思考和处理问题。即使自己的看法与他人不同，也不会判定对方的看法一定是错的。

现代情商理论认为，情商一共包括五个方面：自我情绪认知、自我情绪控制、自我激励、同理心、人际关系处理。如果能够站在对方的角度来理解问题，将心比心，就可以知道对方为什么会那么想，从而更能理解对方的做法，减少误会和冲突。

> **记住：**
>
> 　你怎么对待别人，别人就怎么对待你！

92. 沟通不在于你说什么，而在于你是怎么说的

沟通的质量决定生活的质量，领导企业成功的方法就是沟通，沟通，再沟通。

在职场上，99% 的矛盾是由误会引起的；而 99% 的误会又是由沟通不畅引起的。如果你的沟通不畅，那么你的问题就会一天比一天多。

企业绩效的 50% 来源于企业内部的沟通和意见反馈，能够引起思想共鸣的沟通是实现企业上下一条心的主要方法。卡耐基说："沟通就是同步，每个人都有他独特的地方，而与人交往则要求他与别人一致。"错误的心态会影响沟通的结果，所以必须摒弃自私、自我、自大、自满、急躁和摆架子六大错误态度。

沟通有四个等级：

伤害，即在沟通中对对方进行讽刺、挖苦、嘲笑、对抗、伤害。

忽略，即不理会对方的情绪。

照顾，即顾及对方的感受，先对其进行认同、肯定，再进行客观描述和表达观点。

充分尊重，即充分尊重对方，设身处地地为对方着想。

经营了几十年的毛纺厂濒临倒闭，几百个工人拿不到工资且面临失业，他们愤愤不平地聚集在吴厂长的办公室门口抗议。

吴厂长说："现实情况就在大家眼前。过去两年生产效益不好，现在把工厂卖掉恐怕都没人买。就算卖担还要还银行贷款，大家分不到钱，怎么办？把我捆起来，把工厂里的电脑抢回家，再把工厂烧了发泄愤怒？我们可不可以冷静善后。工厂是大家的，工厂欠大家钱。大家都是股东，都是老板。大家少拿点薪水，努力工作，撑两个月看看，赚钱了是大家的，赔钱了再关门也不迟。"

工人们想，现在把工厂砸了，什么也拿不到，还不如自己当老板，做做

看。结果，因为人人都觉得是在为自己工作，特别卖命，半年下来，工厂居然起死回生。不但还了债，还赚钱盈利。

可见，沟通要讲究双赢才行。当企业遇到问题的时候，老板没有逃跑，积极面对，最终让自己和员工都得到了满意的结果，实现了双赢。要想化解沟通的矛盾，必须要激发讨论，鼓励表达；探究原因，聚焦目标；提出问题，化解僵局；解除敌对，交流想法；重新认识，寻求外援。

其实，沟通不在于你说什么，而在于你是怎么说的。下面就给大家介绍 12 个沟通的小技巧：

（1）急事，慢慢地说。

（2）小事，幽默地说。

（3）没把握的事，谨慎地说。

（4）没发生的事，不要胡说。

（5）做不到的事，别乱说。

（6）伤害人的事，不能说。

（7）伤心的事，不能见人就说。

（8）别人的事，小心地说。

（9）自己的事，听别人怎么说。

（10）尊长的事，多听少说。

（11）夫妻的事，商量着说。

（12）孩子们的事，开导着说。

> **记住：**
>
> 沟通中，"沟"是途径，"通"才是目的！

93. 我就是公司的品牌形象代言人

成功的人都有个人品牌，一个人真正的成功在于他的品牌成功，品牌塑造能力就是自己经营自己的能力。

为了扩大宣传，很多企业都会聘请品牌形象代言人：有些公司请的是明星，有些公司请的是体育界的金牌得主。可是，想想看，为什么不请你的员工呢？为什么不请自己呢？

美国管理学者华德士指出："21 世纪的工作生存法则就是建立个人品牌，它能让你的名字变成钱。"在激烈的职场竞争中，要想让同行欣赏你、让老板赏识你、让优秀的合作伙伴信任你、让上司重用你，就要确立自己的个人品牌。

要想建立职场的个人品牌，就要做到 8 个要素。

要素 1：有原则。

当人们看到你的行为时，会判断出你行为背后的原因，并且这些判断会成为他们对你的印象。如果他们看到你是一个坚持原则的人，久而久之就会对你留下深刻的印象。这些理念和价值观就是你的真实写照。

要素 2：被识别。

你一定有一处或者几处地方和其他人不一样，与其他人有明显的区别。如穿着习惯，在公司正式场合，你喜欢穿一套正式的西装、戴手表、扎领带、穿皮鞋；在公司非正式场合，你喜欢穿休闲款的上衣和鞋子……

要素 3：能持久。

你所做的事业或者工作一定要具有持久性，不能经常换工作或者职业。个人品牌塑造有一个积累的过程，人们很容易记住一辈子只做一件事情的人，却往往会淡忘那些"三天打鱼两天晒网"的人。即使记住了，也只会记住反感的一面。

要素 4：要诚信。

没有人愿意和一个不讲诚信的人交往，更别说是同事了。孟子曰："诚者，天之道也；思诚者，人之道也。""诚"是儒家为人之道的中心思想，立身处世，当以诚信为本。诚信是一个道德范畴，是一个人的第二张"身份证"。因此，待人处事要真诚，承诺别人的事情一定要做到，做任何事情都要讲信誉，言必信，行必果，一言九鼎，一诺千金！

要素 5：有能力。

没有能力将寸步难行，因为没有能力就没有发展的机会。

要素 6：负责任。

承担责任是智慧和能力的象征，敢于负责任的人会受到众人尊重。责任是自我品牌的根基，更是公司品牌建设不可缺少的要素。

要素 7：有修养。

有修养的人，一般都具有高尚的品质和正确的待人处事的态度，有一颗不断进取的心，有完善的人格。职场上有修养的人会让你肃然起敬。

要素 8：会传播。

传播是塑造品牌的重要手段，要创造你的品牌故事并成为故事的主角。听到你的故事，受众群体大为赞叹，客户就会认为你是最棒的，你所在的公司也是最棒的。

记住：

品牌是实践出来的，不是说出来的！要确立自己的个人品牌。

94. 信任是团队合作的基石

团队信任是无价的，是企业成功和个人成功的重要因素，更是企业管理和团队合作的基石。

团队有五种机能障碍：

第一个机能障碍，缺乏信任。

缺乏信任的根源在于大家都害怕成为别人攻击的对象，都不愿意敞开心扉。什么是团队信任？真正的团队信任是指，相信同事的言行是出于好意，在队伍里不必过分小心和戒备。当每个人都以集体的工作成绩为中心时，共同的工作成果成为成功的标准，自我主义就会被严格控制住。

第二个机能障碍，惧怕冲突。

表面上一团和气，实际上关系紧张。无法建立信任的危害极大，会直接导致惧怕冲突的现象。有话当面不讲，背后讲；事前不讲，事后讲；会前不讲，会后乱讲；桌子上面不讲，桌子底下讲。如果团体的会议上没有建设性的争论，团队就完了。

第三个机能障碍，欠缺投入。

团队成员必须有自己的判断，什么样的决定对公司有利，对公司的长远发展有利？团队成员如果不能切实投入，在热烈、公开的辩论中表达自己的意见，即使在会议上达成一致，也很难真正统一意见，做出决策。

第四个机能障碍，逃避责任。

如果没有在计划和行动上达成一致，那么即使最认真负责的人发现同事的行为有损集体利益的时候，也会犹豫不决而不立刻指出。如果大家都不负责任，团队将会分崩离析。

第五个机能障碍，无视结果。

人人都只看重自己的地位，都非常自我。如果团队成员不能相互负责、督促他人，就会无视结果。

可是，相互之间不存在戒备的紧密信任的团队不是一夜之间就能建立的！需要全体成员同甘共苦。获得信任的五步工作法如下：

（1）相信，信任会给你和团队带来无穷的力量。

（2）从现在开始，信任你认为值得信任的人。

（3）当对方不信任你的时候，请你用假设信任他的行为去对待对方。

（4）不管做任何事情，都要信守承诺，说到做到。只有言行一致时，才会有更多的人信任你。

（5）将你对信任的态度和行为传递给更多的人，在自己的行为圈内形成一个良性的信任循环系统，享受信任给你带来的丰硕成果。

记住：

人与人之间最宝贵的东西是"信任"！

95. 团队的士气比武器更重要

一个团队能打胜仗，是因为团队有高昂的士气和状态，从没见过一个成功企业的团队成员没有士气的。

电视剧《亮剑》中，在最后一集李云龙有一个重要的总结：

"同志们，我先来解释一下什么叫亮剑。古代，剑客们与对手狭路相逢时，无论对手多么强大，哪怕是天下第一剑客，自己明知不敌，也要亮出宝剑。即使倒在对手的剑下，也虽败犹荣，这就是亮剑精神。

"事实证明，一支具有优良传统的部队，往往具有培养英雄的土壤。英雄或优秀军人通常都是以集体形式而不是以个体形式出现的。理由很简单！他们受同样传统的影响，养成了同样的性格和气质。例如，第二次世界大战时，苏联空军第十六航空团 P39 飞蛇战斗机大队，竟产生了 20 名获得苏联英雄称号的王牌飞行员。同时，苏联空军某部施乌德飞行中队，产生了 21 名夺得苏联英雄称号的模范飞行员。

"任何一支部队都有自己的传统，传统是什么？传统是一种性格，是一种气质，而这种性格和气质，是由部队组建时首任军事首长的性格和气质决定的，他给这支部队注入了灵魂，从此，不管岁月流逝、人员更迭，这支部队的灵魂永在。

"同志们，这是什么？这就是我们的军魂！我们进行了 22 年的武装斗争，从弱小逐渐走向强大，靠的是什么？靠的就是这种军魂，靠的就是我们军队广大指战员的战斗意志！纵然是敌众我寡，纵然是身陷重围，但是我们敢于亮剑，敢于战斗到最后一个人。一句话，狭路相逢勇者胜，亮剑精神就是我们这支军队的军魂。剑锋所指，所向披靡！"

同样，在企业中，也需要一支有这种精神力量的队伍，这种精神力量就是团队精神。

美国的亿万富翁钢铁大王安德鲁·卡耐基说："你可以把我的设备、厂房、资金全部拿走，只要留下我的团队，一年以后我仍然是亿万富翁。"可见，团队是能力、天分、经验及背景各不相同的个体为了相同的目标集结在一起，尽管个体之间互有差异，但共同的目标使他们成为团队。

在完整的团队中，彼此互相需要，为了达成共同的目标，为了让生活充满生机，必须彼此依靠、支持、关联、给予、取得、忏悔、谅解、伸手拥抱、付出信任……因为任何一个人都不是完整的、独立的、自给自足的全能者，每个人都需要一个团队！

记住：

　　团队的士气是团队的灵魂！

96. 凡事预则立，不预则废

人生需要规划，做事情需要做好充分的准备。

老子说："合抱之木，生于毫末；九层之台，起于累土；千里之行，始于足下。"这个道理告诉我们，不论做什么事，事先有准备，才能获得成功，不然就会失败。

为什么要进行规划？因为人生是一趟持有单程票的旅程，没有回程。这一趟旅程中，有多少人到了中年、暮年的时候，会后悔自己在年轻的时候有很多事情没有做，后悔当初没有做好规划，后悔当初自己做过的事情，后悔自己蹉跎了很多青春时光。

要想在职场上淋漓尽致地发挥自己的才能，写出精彩的剧本，就要认真做好规划。

做好事业规划，先要划分人生的不同阶段。

第一阶段：24 岁以前。

24 岁左右，我们大学毕业。24 岁以前这段时间，我们会读书、谈恋爱、社会实践……在父母的呵护中，在老师、朋友的影响中长大。

第二阶段：25～35 岁。

如果在这 10 年中，你勤奋踏实、忠诚可靠，既懂得虚心请教、积累自己的经验，又懂得低调做人和科学规划自己的未来，那么你的职场基础会打得很牢固。由于没有经验，可能会到处碰壁；因为资源不多，所以必须积累经验，这比赚钱更重要！如果在这 10 年中你没有善待同事，那么你到了 40 岁拼搏人脉的年龄时，你会很吃力。

第三阶段：35～42 岁。

这 7 年是你职场生涯中重要的年龄阶段，必须对自己进行科学系统的分析和做出选择，制定长期的职业目标。规划自己的人生不能盲目，要分析，要有方向性地选择。

（1）自我分析。分析自己的兴趣爱好、性格特征和能力等重要因素，分析自己的优势和劣势，搞清楚自己要什么结果。

（2）选好行业。男怕入错行，女怕嫁错郎，要选择朝阳产业而不是走下坡路的产业。

（3）看环境。孟母三迁的道理，我们都明白。

（4）选平台。离开公司，你什么都不是。平台是你实现价值的舞台。

（5）决定事业的方向，制定事业目标。有目标的人更容易成功。

第四阶段：42~63 岁。

这 21 年是你事业取向和价值取向转换的阶段，工作应该从体力转换为脑力。更要转化心境，不论目前你多风光，多有成就，宁可因梦想而忙碌，也不要因忙碌而丢失了梦想，争取一年做好一件事。真正的衰退不是白发和皱纹，而是你停止了进取和思考，停止了奋斗的脚步。

人生要有规划，做事情要有充分的准备，才会让自己气定神闲。

记住：

成功永远是为做好充分准备的人而准备的！

97. 分享可以让一个团队迅速成长

破云见日，小树长成大树。经历风雨，雄鹰展翅翱翔。成长力是一个人持续成长的能力，更是一个人赢在职场的支点、成就事业的杠杆。

团队的成长是企业领导要重点抓的一件事情，最好的办法是开分享会。

平安保险公司每天早上都要开晨会。首先唱公司的司歌，其次背诵公司训导，最后各部门经理就会带领部门员工开分享会。比如昨天张三签单了，经理就会把张三叫到台前为大家介绍经验。张三说："昨天确实签了一单，这个客户我已经跟进了三个月，他最初的顾虑是什么，我又是如何开导他的，最终他选择了向我购买。"

坐在下面的小李一听特别高兴，因为他的客户正存在此类问题，他知道今天该如何去和客户沟通以及谈判了。

接下来，小刘再分享，小张又分享。每天都是这样分享，哪怕是一个没有任何社会经验的人进入平安保险公司，两年下来也会变得非常优秀，并且拥有成熟的业务经验。

成功的捷径就是汲取别人的经验，用证明有效的方法来帮助自己成功。很多人之所以没有成功，是因为他们没有学习别人的经验，而是在用自己的经验。然而，一般人对于成功没有什么经验，有的话也不一定是最好的成功方法和经验。成功者学习别人的经验，一般人学习自己的经验。然而，很多民营企业却缺少这样的真诚分享。

一次，笔者到一家企业，帮助它编写销售话术的业务手册。为了方便工作，笔者需要了解公司的产品品类、面料、功能、价格等。老板叫公司的李小姐和笔者对接，沟通中笔者发现，她并不愿意向笔者介绍她所知道的专业知识，害怕笔者学会了会取代她。

从其他同事那里，笔者了解到，李小姐确实是公司最专业的人，但是她在工作中不愿意帮助同事，不愿意分享经验。她希望公司离开她不行。

正是因为很多人都拥有这样的封闭思想，所以企业团队无法成长、不能进步，被竞争对手远远地甩在后面。笔者建议，企业要召开大量的分享会，让每个人都分享，让每个人都总结，让每个人都有学习成长的机会。

记住：

21 世纪的特征是速度、多变和危机，我们的应变策略就是学习、改变和精进！你可以成长，可以更成功！

98. 可以成功，可以失败，就是不可以放弃

坚持，绝不轻言放弃。

在某企业的目标承诺大会上，一名员工承诺说："如果我的目标达不成，我就辞职。"所有人都惊呆了。笔者把他拉了回来，叫他重新承诺。因为辞职是一种不负责任的工作态度，是一种逃避行为。我们挑战目标是一种拼搏的态度，可以挑战成功，也可能挑战失败，但是不能放弃。离职就是一种放弃，这是最糟糕的态度。

丘吉尔在牛津大学的演讲曾让每一位听众深深震撼，并为他的演讲喝彩。他这样说，"我的成功秘诀有三个：第一是决不放弃；第二是决不、决不放弃；第三是决不、决不、决不放弃"。这是全世界最短的演讲，也是最震撼的演讲，他透露了成功的秘诀，就是坚持，绝不轻言放弃！

拿破仑·希尔在研究了 500 位名人的成功经验后得出结论：把欲望变成金钱的过程中，坚韧是一个基本因素，缺乏坚韧和毅力是失败的主要原因之一。其实，缺乏坚持是大多数人常见的共同弱点。有一幅漫画是这样的。

在一片水洼里，一只面目狰狞的水鸟在吞噬一只青蛙。青蛙的头部和大半个身体都被水鸟吞进了嘴里，只剩下一双无力的乱蹬的腿。结果，出人意料的是，青蛙将前爪从水鸟的嘴里挣脱出来，猛然间死死地猛住水鸟细长的脖子……

这幅漫画讲述的就是这样的道理：无论什么时候都不要放弃。不管在任何时候，都不要找借口为自己开脱。寻找解决问题的办法是最有效的工作原则。

很多有目标、有理想的人，他们奋斗，用心做事……但是，由于过程太过艰难，他们越来越倦怠、泄气，终于半途而废。其实，如果能再坚持一下，如果能看得更远一点，他们就能终得正果。

爱·罗塞尼奥是第七届国际马拉松赛冠军，他讲过一个关于自己的故事。

中学时，他参加 10 千米越野赛，开始他跑得很轻松，慢慢地便跑不动了，想停下来歇一歇。这时，一辆校巴开了过来，校巴是专门在赛跑路线上接送那些跑不动的学生的。他很想上车，但忍住了。

又跑了一段时间，他感到两眼模糊，双腿灌铅似的沉重，停下来休息的愿望强烈地袭了上来。又一辆校巴开了过来，他迟疑了一下，还是压制住了那急速膨胀的渴望，继续朝前跑。

不知又跑了多久，到了一个小山坡前，他感到眼冒金星、全身虚脱，两条腿似乎不再属于自己。他觉得现在要爬上眼前这个小山坡，绝不亚于攀登珠穆朗玛峰。他绝望了，不再坚持，当校巴再次开过来的时候，便毫不犹豫地上去了。

可是，校车一越过小山坡便停住了，因为终点到了！想到校巴开过小山坡一拐弯就到了终点，他后悔极了，要是再坚持一分钟，他就能越过小山坡，跑到终点，那是多么令人骄傲的事情啊！

从那以后，每次参加比赛，当感到自己跑不动、快泄气的时候，他都会不断地对自己说："再坚持一分钟，快到终点了！"就这样，他一直跑到了世界冠军的领奖台上。

记住：

　　成功者绝不放弃，放弃者绝不成功！

99. 不配合等于暗杀

相互支持、相互配合、相互帮助、相互协作，共同的目标使人们成为团队，帮助别人就是帮助自己。

拥有共同的目标，相互配合，不仅为人们确立了前进的方向，还能使人们团结起来，相互协作。

在非洲一片茂密的丛林里，队长马克带领四个队员正在进行丛林探险工作。

进入丛林之前，马克答应给队员们优厚的工资。不幸的是，马克在任务即将完成的时候生病去世了。临死前，他将自己亲手制作的箱子交给四人，让他们把箱子送到他朋友麦克教授手里，还承诺他们说，他们将会得到比金子还珍贵的东西。

四个人埋葬了马克后，就开始上路了。但是，密林的路越来越难走，箱子也显得越来越沉重，而他们则越来越疲惫不堪。但是，他们没有倒下，因为这只箱子在支撑着他们。他们相互监督，谁也不能单独乱动这只箱子，遇到了困难必须一起克服，最终靠着这种顽强的意志走出了丛林，把箱子交给了麦克教授。

当麦克教授打开箱子的时候，四个人都大吃一惊，因为箱子里是一堆木头！他们大呼上当，由于没有得到比金子还珍贵的报酬，他们都说马克是大骗子。

若干年过去了，四个人的不满也平息下来。当他们回忆起丛林探险的情景时，都说最难以忘怀的是丛林里的白骨。这时，他们才明白，他们确实得到了比金子还珍贵的东西——生命！

成功团队的基本特征包括共同的目标；相互帮助、相互信任、彼此配合；拥有高超的相关技能；良好的沟通；一致性的承诺；强有力的领导者；灵活的应变能力；内部和外部的支持。

被解雇是很难看的，但是如果不知道自己为什么被解雇，就更难看了。老板心中的那把尺子到底在哪里呢？有五种人最容易被老板解雇：

（1）不懂得承担责任的人。

有些人不愿意承担责任，只想着自己得到了多少，不想自己贡献了多少。

（2）缺乏团队精神的人。

许多人过于专注于自己的专业，不注重其他人，不积极展现与其他部门沟通的能力。

（3）不愿意改变的人。

外面的环境在改变，有的员工却觉得过去的方式很好，不愿意改变自己去适应环境的变化与新的文化。

（4）缺乏向心力的人。

一个人绝对没有一个团队强，大家都往同样的方向使劲才会达成目标。不认同公司的做法又缺乏向心力的人。应该早点选择其他方向，这样做对彼此都好。

（5）不了解组织与他人需求的人。

要不要留住一个员工，要看他是否对组织有所贡献。有些人可能像孟尝君一样，养兵千日用兵一时；但如果被赋予的任务却一直无法达成，那么无论其口才、学历如何好，都不适合公司。

记住：

工作在于相互配合！

204

100. 团队精神的最高境界是一种牺牲精神

没有个人利益的牺牲，就没有强大的团队。

在赛车比赛中，赛车需要几次交替加油和换轮胎的过程。在紧张刺激的赛车比赛中，每部车都要分秒必争，因此，赛车每次加油和换胎都需要勤务人员的团结协作。一个环节出了问题，整个赛车组就前功尽弃了。

一般而言，赛车的勤务人员有 22 个人。其中，3 个人是负责加油的，其余的都是负责换轮胎的，有的拧螺母，有的压千斤顶，有的抬轮胎，这是最体现团队协作精神的工作之一。加油和换胎的总过程通常需要 6 ~ 12 秒，在一般情况下，再熟练的维修工也无法达到这个速度。

在如此快的过程中，团队成员不能开小差，也不能有情绪，需要全力以赴地配合再配合。可以说，这样的比赛，其胜利是通过团队成员充分合作来实现的，而不是某个人的胜利。这就是团队精神！其核心是协同合作，为了共同的目标，为了团队的利益，共同承担责任，齐心协力，形成一个团结、高效的集体。

20 多年前，当沃尔玛、丰田、通用等公司把团队精神引入它们的生产过程中时，曾经轰动一时，成为新闻热点。现在，团队精神已经成为企业管理中受到普遍关心的问题，通用电气、惠普、波音、联邦快递、苹果电脑、百事可乐等许多企业都特别强调团队精神。

通用电话电子公司董事长查尔斯·李说："最好的 CEO 通过构建他们的团队来达成梦想，即使是迈克尔·乔丹也需要队友来一起打比赛。"一个企业是否有生命力，关键因素是企业是否有团队精神，员工和"带头人"是否有团队意识。没有"团队精神"的企业，一切美好的想法和愿望都将为"零"；没有团队意识的员工，无论学识有多高、技术有多精湛、学历有多深，都不会朝着组织的发展方向发展。

一个人的成功不是成功，团队的成功才是真正意义上的成功。然而，有了团队精神后需要清楚的是，团队精神的最高境界是什么？答案是：牺牲精神！

有一次，笔者随一个客户去他的公司拿资料。当时，已经是晚上 9 点多了，笔者发现公司的员工仍然在工作，特别是电话行销的业务团队，几乎人人都在加班。

他们放弃了休息时间，给客户打电话，联络业务。笔者问客户："您要求员工下班后要继续加班吗？加班有加班费吗？"他说："没有，他们都是自愿来加班的，我的员工都很愿意付出，就是高老师你所讲的牺牲精神。正是有他们的付出，我今年的业绩才翻了三倍，他们的收入也是同行业员工收入的三倍。"老板开心地笑了。

什么样的企业能够取得骄人的高绩效？答案是：铁杆团队！铁杆团队的团队成员拥有牺牲精神，有目标感和使命感。

> **记住：**
>
> 为了共同的目标，为了团队的利益，共同承担责任，齐心协力，形成一个团结、高效的集体。没有牺牲就没有团队！

101. 讲公司的坏话等于挡自己的财路

不要在茶余饭后讲公司及上司的坏话，不如利用这些时间培养自己，开发人脉。

很多员工喜欢在几个同事聚会的时候或者在茶馆、酒吧等地方讲公司的缺点和不足、讲老板的性格缺陷、讲上级的不是，大家凑在一起抱怨，抱怨得非常起劲，这是很没有智慧的！

这种行为会产生以下四个问题：

（1）浪费时间和金钱。

（2）这些坏话和抱怨可能传到上司的耳朵里，令自己的职场发展产生危机，挡住自己的财路。

（3）人和人之间是有心灵感应的，今天你说了上司的坏话，明天再见到上司的时候，自己和对方在心理上都会有一种感应，久而久之就会破坏你和上司的关系。

（4）你会养成不良的习惯，习惯性抱怨，而不是去找方法。

当你讲别人坏话、谈论公司是非的时候，对于磨炼自己的技能、积累资历有什么帮助？如果每天都讲，能实现自己的梦想吗？虽然喝茶、聚会、喝酒、聊天等都是同事交流和缓解工作压力的好方法，但是要有一个限度。如果一周喝茶 2 次，每次 2 个小时，一次花费 200 元，可以得出以下结果：

（1）一个月要花费 16 个小时，800 元。

（2）一年要花费 192 个小时，9600 元。

（3）十年要花费 1920 个小时，96000 元。

假设一天工作 8 个小时，1920 个小时就相当于 240 个工作日，在 10 年里花费了 8 个月的宝贵时间和 9.6 万元的金钱，竟然是用来"抱怨"。如此没有效益，优秀者是绝对不会加入说长道短的抱怨者行列的。他们会使用宝贵的时间读书、听讲座、获得新资讯、结交人脉和增长技能。

企业中的成长智慧是：

第一，不参与任何抱怨，不讲任何人的坏话，更不做任何传播。

第二，做抱怨的终结者。

小王悄悄对小刘说："我昨天晚上看到老板的衬衫上好像有口红印啊！"小刘说："啊？真的！会不会是他秘书的？他秘书喜欢化妆。整个办公室就三个人喜欢涂口红，但是他秘书和他一起的时间多些啊……"两个人八卦了很久。

第二天业余时间，小刘又和小李说："知道吗？我昨天听小王说，老板和秘书出去办事回来后，衬衫上有口红印……"小李又和小张说，小张又和小郑说，这时候小郑说："你们别乱说了，我昨天搬东西的时候碰到老板，他帮忙一起搬，不小心刮破了脖子，涂了红药水。"小张却不以为然，继续猜疑和宣传此事。终于传到老板耳朵里，老板没说什么，但是已经不愿意重用和提拔他了。

任何一个人，对于跟自己有关的信息都特别敏感，关于自己的"坏话"就更敏感。只要你说他人的坏话，大多数都会最终传到对方的耳朵里。对方就会讨厌你、冷淡你，你的人际关系就变差了，你是在给自己制造危机和风险。

> **记住：**
>
> 说任何人的坏话，都会传到对方的耳朵中，对方就会冷淡你、讨厌你，你的人际关系就越来越差！

102. 把压力转化成动力

通过自我修炼来增大"谈心幅度",长乐而不极乐;逢怒而不盛怒;遇愁而不忧愁;临悲而不过伤;勤劳而不妄想。

如果你是个成功欲望很强的人,可能会在办公室里加班到深夜,每天睡眠不足 6 个小时,几乎不运动,没有时间给家人和朋友打电话,不参加同学聚会,把所有的心思都投放到工作中。然而,渐渐地你就会发现,非但工作没有取得大的进展,你的身体也开始出现各种不适:失眠、记忆力衰退,情绪也发生了明显的变化——你变得焦躁、忧虑,时常莫名其妙地对人发脾气……这一切也许只有一个原因——自身内外的压力!

调查表明,近 70% 的高级管理人员感觉自己当前承受的压力比较大,其中 21% 的人认为自己压力极大。职业经理人的压力来源于个人责任、人际关系、角色冲突、职业发展、组织气氛、人际关系、工作目标等方面。那么,如何把压力转化为动力呢?

当压力事件来临时,理性分析往往会帮助我们保持一份平常心态;然后,可以使用"凯利魔术方程式"来克服压力事件的负面影响,凯利空调的创始人凯利先生发明了这套流程来缓解压力:

第一,问你自己可能发生的最坏状况是什么;

第二,准备接受最坏的状况;

第三,设法改善最坏的状况。

在不能迅速摆脱负面情绪对我们的影响的时候,应用"凯利魔术方程式"可以帮助我们用理想战胜负面情绪的影响。

有一个企业,2014 年的销售量是 2000 吨,2015 年董事会计划实现销售量 3000 吨。当总经理将这一目标告知销售部张经理的时候,张经理半天说不出话来。他知道,公司的销售量经过 5 年的时间才达到 2000 吨,一年之内要增加 1000 吨简直比登天还难,张经理的压力之大可想而知。

　　为了减轻压力，张经理按照培训班上学到的"凯利魔术方程式"的减压方法进行分析。第一，最坏的情况是完不成任务。第二，如果完不成任务，结果无非有两个：一是公司不追究责任，只是将年终奖取消；二是被公司辞退。假如真的被公司辞退了会怎么样？按照自己目前的年龄、能力、人际关系和本地的行业影响力，收到新的聘书不成问题。想到这些，张经理坦然了许多。第三，张经理着手改善目前的状况，寻找完成销售量目标的办法和途径。经过认真研究和分析，对于 2006 年完成 3000 吨的销售任务，他有了60% 的把握，信心也增强了！

　　当然，缓解压力也有一些小方法。

　　（1）自免法：以积极的信念暗示自己，努力挖掘自己的优点与长处。

　　（2）自慰法：想开点，为自己找一种合理的解释，自圆其说。

　　（3）宣泄法：这种方法有助于调理大脑皮质功能，对心理紊乱、压抑感、反抗、破坏心理等治愈率非常高。也可以在适当的地方大叫、痛哭一场。

　　（4）倾诉法：将心中的压力、愤怒、悲伤等向亲友，甚至不认识的人倾吐。

　　（5）升华法：把负面心理激发的能量引导到对社会、对自己有利的方面。

　　（6）回避法：当某些人和事、某些场合使你火冒三丈时，你要及时回避。可以听听音乐，散散步分散注意力，使自己内心平和。

记住：

　　压力是个气球，不释放就会爆炸！

---

103. 每隔七天与你的人脉联系一次

你的财富等于人脉总体人数×平均信任程度，不管你做什么生意，都要和人打交道，都是在做人际关系的生意。

你是否知道财富公式？

你的财富＝人脉总体人数×平均信任程度

"要想富，先修路"，这是我们在改革开放、发展致富的过程中总结的秘诀。同样，要想创造出生命的奇迹，也要先修筑自己的人脉之路。因为，人脉的高度决定了事业的高度！

在公司工作，不仅会赚到钱，积累经验，还会认识很多人，结识很多朋友，积累很多人脉资源。人脉资源不只在公司工作时有用，即使你以后离开了公司，它仍然会发生作用，成为你创业的重要资产。

美国成功学大师卡耐基经过长期研究得出结论："专业知识在一个人成功中的作用只占15%，而其余的85%则取决于人际关系。"因此，无论你从事什么职业，学会处理人际关系，掌握并拥有丰厚的人脉资源，你就在成功的路上走了85%的路程，在个人幸福的路上走了99%的路程。

在广东，为什么很多私企老板都会自费去中央党校学习，学政治、学管理，了解经济形势？一是学习；二是积累人脉。对于一个人来说，艰难和喜悦，都需要有人来分享，这是一种心理诉求。人最大的痛苦，不是在悲凉之时无人倾诉，而是在快乐之际无人举杯同贺。那么，如何做才能感动你的人脉资源呢？答案是，每隔七天和你的人脉通过短信联系一次。

业务员小孙在7月中旬，从手机中找到了一个客户，9月初已经确定能签单了，但一直没说破。后来，客户对小孙说，年底再签单。小孙一听傻眼了，赶紧跟领导报告。领导说："必须在9月份拿下来，到年底还有3个月的时间，不可控因素太多了，至于怎么样拿下来，你自己想办法。"然后，小孙就开始想办法。

对这个客户，小孙非常用心，发自内心地给他写了封手写信。另外，在上次的通话中，他发现客户的嗓子有些沙哑，而且客户需要经常出去应酬、喝酒、抽烟，于是他还给客户寄了一盒京都牌念慈庵。

客户收到后，晚上九点给小孙回了一条信息："小孙，来信已收到，非常高兴，非常激动，非常惊喜。"小孙回复说："老大，没有非常感动吗?"客户说："当然有……你做事太用心了，我能想象到，如果我手下的人都能像你那样，我什么也不用愁了，呵呵。"后来，客户就让小孙将手续都给他发过去。保证说，9 月休年假，回来就办妥，10 月 8 日上班第一天，款项到位!

记住:

　　人最大的痛苦，不是在悲凉之时无人倾诉，而是在快乐之际无人举杯同贺。人脉就是钱脉!

---

104. 君子周而不比，小人比而不周

为了团队的使命而奋斗，以团队的价值观为准则。

子曰："君子周而不比，小人比而不周。"这里有两个字，一个是"周"，另一个是"比"，它们到底是什么意思呢？用道义去团结众人叫作"周"，用利益去勾结别人叫作"比"。从字形上也可以看出，"比"是由两个"匕"构成的，表示两相依附，聚起来的只是少数人；而"周"，则表示团结的是大多数人。所以，这段话可以翻译为：孔子说，君子用道义来团结大多数人，而不是用利益去聚附一小部分人；小人则会用利益去勾结别人，却从不用道义去团结众人。

中国古代，君子遭小人暗算的事例不胜枚举：

战国时，赵国名将廉颇、李牧曾南征北战，为赵国立过汗马功劳。可是，让赵王身边的宠臣郭开、韩仓等人一动手脚，廉颇、李牧反而四处碰壁，大祸临头。一个流亡异国，一个仓皇逃命。

燕国名将乐毅，统率五国联军伐齐，攻克城池 70 多座，几乎将齐国灭亡，为燕国一洗历史耻辱，功勋盖世，却架不住燕惠王身边小人的挑唆。小人们一挑拨，一捣乱，不要说功，乐毅连命都差点丢了，无奈只好逃亡到赵国。

曹魏名将邓艾，立下平蜀第一功。主帅钟会觉得没面子，妒火中烧，便给邓艾安了个谋反的罪名诛之。

其实，小人的嘴脸很容易看出来。他们一般都以利益为先，谁挡了小人获取利益的路谁就会受到迫害。小人的嘴脸可用十个中心词概括：自私贪婪、心胸狭窄、功利当先、善进谗言、投机钻营、不择手段、逆我者亡、出尔反尔、落井下石、唯我独尊。

在小人中间，也有很多有"才华"的人。他们会用心研究人，懂得谁有用谁没用，只要认准你是有用的，就会对你毕恭毕敬、点头哈腰，利用一切

机会巴结你。可是，一旦你失去使用价值，他们的态度就会立刻转变，对你形同路人。

相比之下，君子基本不具备小人所具有的"优点"。君子只讲事情该不该做，怎样做，谁有能力做，做好会对国家和集体有什么好处，从不或很少优先考虑其中的个人利益。这也正是君子与小人背道而驰的原因。

团结彼此，为使命而工作，凭着共同的价值观和信念去做事，不要做团队里的小人，要做君子。只有集体合作，才能办成事情，要把团队的成功当作自己最大的荣誉！

记住：
    小人的嘴脸很容易看出来，要以团队为荣！

105. 客户是用来感动的，不是用来搞定的

客户粗心我细心，客户细心我耐心。

企业的成功在于拥有客户，个人的成功建立在能够和企业一起成功地服务于客户的基础上。在激烈的市场竞争中，什么样的企业能够成功？答案是：持续拥有足够数量的忠诚客户的企业！

首先，选对池塘钓大鱼，先选对客户。

客户是要进行筛选和过滤的，客户不会主动登门，所以，我们要主动寻找，寻找潜在客户是一种习惯，重要的是用心和坚持。要到有鱼的地方去钓鱼，在目标客户最集中的地方寻找客户。销售没有地点限制，只要有机会，都可以找到要找的准客户。

短时间寻找客户的方法有很多，比如，参加展会，通过网络搜索，重新抓住流失的客户，与同行合作交换资源，利用供应链上下游拓展客户，借助专业人士、机构获得客户资源。

其次，要维持 20% 的新客户，想办法让"名人"成为你的客户。

选择客户，衡量其购买意愿与能力，不要将时间浪费在犹豫不决的人身上，有动机和购买能力的那些人才是目标客户。客户之所以会和你成交，是因为他们相信你、信任你。如何让客户信任你呢？感动客户！

很多公司的员工说："老板，我今天搞定了一位客户，签了一张订单。"然而，在笔者的公司和培训过的企业中，是不能说"搞定"这两个字的，只能说"感动了一个客户"。客户因感动而购买！要想让客户永远都不忘记你，一有需要立即想到你，就要感动客户。

给大家提供一份客户档案：

客户档案 65 问		
日期：	最新修订时间：	填表人：
客户 基本 信息	1. 姓名、昵称（小名）及职称： 2. 公司名称及地址： 3. 住址： 4. 电话（公）：　　　　　　　（宅）： 5. 出生日期：　　　年　　月　　日　　　出生地：　　　　籍贯： 6. 身高、体重及身体和五官特征（如秃头、关节炎、严重背部问题等）：	
教育 背景	1. 高中名称与大学名称： 2. 毕业日期及学位： 3. 大学时代得奖记录： 4. 擅长的运动是： 5. 如果客户未上过大学，他是否在意学位： 6. 其他教育背景： 7. 兵役军种及退役时军阶： 8. 对兵役的态度：	
家庭	1. 婚姻状况及配偶姓名： 2. 配偶受教育程度： 3. 配偶兴趣/活动/社团： 4. 结婚纪念日： 5. 子女姓名、年龄及是否有抚养权： 6. 子女受教育程度： 7. 子女喜好：	
业务 背景 资料	1. 客户的前一个工作 公司名称： 公司地址： 2. 受雇时间及受雇职衔： 3. 在目前公司的前一个职衔及其日期： 4. 在办公室有何"地位"象征： 5. 参与的职业及贸易团体以及所任职位： 6. 是否聘顾问： 7. 本客户与本公司其他人员有何业务上的关系： 8. 关系是否良好及其原因：	

客户档案 66 问		
日期：	最新修订时间：	填表人：

业务背景资料	9. 本公司其他人员对客户的了解： 10. 何种关系性质： 11. 客户本身对公司的态度： 12. 本客户长期事业目标是什么： 13. 本客户短期事业目标是什么： 14. 客户目前最关切的是公司前途还是个人前途： 15. 客户较多思考现在还是将来，为什么：
特殊兴趣	1. 客户所属私人俱乐部： 2. 参与何种政治活动及政党： 3. 是否热衷社区活动及如何参与： 4. 宗教信仰是否热衷： 5. 本客户特别机密且不宜被谈论之事件（如离婚等）： 6. 客户对什么主题特别有意见（除生意之外）：
生活方式	1. 病历（目前健康状况）： 2. 饮酒习惯及所饮酒的种类与分量： 3. 如果不喝酒，是否反对别人喝酒： 4. 是否吸烟，是否反对别人吸烟： 5. 最偏爱的午餐地点和晚餐地点： 6. 最偏爱的菜式： 7. 是否反对别人请客： 8. 嗜好与娱乐，喜欢读什么书： 9. 喜欢的度假方式： 10. 喜欢观赏的运动： 11. 车子品牌： 12. 喜欢的话题： 13. 喜欢引起什么人注意： 14. 喜欢被这些人如何重视： 15. 你会用什么来形容本客户： 16. 客户自认最得意的成就： 17. 你认为客户的长期个人目标是什么： 18. 你认为客户的目前个人目标是什么：

客户档案 66 问		
日期：	最新修订时间：	填表人：

| 客户和你 | 1. 与客户做生意时，你最担心的道德与伦理问题是什么：
2. 客户是否觉得对你、对你的公司或你的竞争负有责任？如果答案是肯定的话，那责任是什么？
3. 客户是否需要改变自己的习惯，采取不利于自己的行动才能配合你的推销与建议：
4. 客户是否特别在意别人的意见：
5. 在客户眼中最关键的问题有哪些： |

你的竞争者对以上的问题有没有比你更好的答案：

其他注意事项：

记住：
    你能做到让客户感动，客户下次就会让你感动！

106. 团队为荣誉而战，团伙为利益而争

快乐不是你拥有多少，而是你计较多少。

团队凝聚力是无形的精神力量，是将一个团队的成员紧密联系在一起的看不见的纽带。团队的凝聚力来自团队成员自觉的内心动力，来自共同的价值观，是团队精神的最高体现。

五把金钥匙——可以打开团队凝聚力之门！

第一把金钥匙：嘉许。

团队的嘉许是心灵按摩！不仅要嘉许伙伴的行为，还要嘉许伙伴的思想；不仅要嘉许伙伴的付出，还要嘉许伙伴的勇气；不仅要嘉许伙伴的活力，还要嘉许伙伴的心态。在工作中你曾对伙伴进行嘉许吗？

第二把金钥匙：尊重。

你是否理解相敬如宾？比如，倾听伙伴的心声、尊重伙伴的意见、劝解伙伴的心结。

第三把金钥匙：荣誉。

记住：把获得荣誉和认可作为成长的目标！

为荣誉而工作，是我们精神世界的最高境界。当我们达到这一境界时，每天上班就不会因为只是打一份工而感到无精打采，而是会由于在过一种自己选择的生活而感到情绪饱满。工作的目的绝不仅仅是为了每月有一份不错的薪水或者是为了有一份可以谋生的职业，还要追求一种认同感、归宿感和成就感，而这一切都建立在荣誉感的基础之上。

争取荣誉、创造荣誉、捍卫荣誉、保持荣誉，个人也会不知不觉地融入集体之中，获得更好的发展。

那么，如何来培养团队荣誉感呢？以优异的成绩感召人、以良好的管理影响人、以积极的竞赛激励人、以独特的游戏培养人、以亲身的实践示范人、以优秀的文化熏陶人、以集体的进步鼓舞人、以自我的觉醒教育人、以协作

的团队帮助人、以先进的典型带动人。

第四把金钥匙：信任。

同事之间，如何做到信任？相信同事的言行是出于好意，包容、原谅伙伴；敢于直言不讳，给伙伴提出建设性意见。

第五把金钥匙：关爱。

这里的关爱主要包括两方面的内容：

（1）爱这个集体。

我们的每一份付出都给了集体，每一份荣誉都来自集体。爱集体，是维护集体荣誉和利益的前提，只有爱集体才能形成一个和谐的团队氛围，每个人才能开心快乐地工作。

（2）爱身边的每一个人。

做事多为他人着想，遇事多换位思考；不能我行我素，不能以自我为中心，要把集体的利益放在第一位；要多看别人身上的优点，多找自己身上的缺点。

记住：

冠军是一种荣誉！第一是一种习惯！

---

107. 敬畏客户

一家公司的很多资源是越来越少的，但有一项资源是越来越多的，那就是客户。

客户价值是一切行动的方向，是衡量执行结果的唯一标准；要以客户的成功衡量我们的成功，客户是我们思考问题的唯一标准！

客户是伙伴，只能用心，不能耍花招；客户是朋友，投入什么就收获什么；客户是衣食父母，是用来感动的，不是用来搞定的。

对于公司来说，很多资源会越来越少，但有一项资源却是越来越多的，那就是客户。只要把客户服务好，一个客户就会带来两个客户，两个客户就会带来四个客户，四个客户就会带来八个客户，从而形成"蝴蝶效应"。因此，要怀着敬畏之心去服务客户。

从前，有一个吝啬的富翁，富得只剩下钱了。于是，他专程去请教禅师，说："我有这么多钱，为什么感觉自己一无所有而且不快乐呢？"

禅师请他站在窗子前面，问他看到了什么。富翁回答："我看到了热闹的人群，还有快乐的顽童。"禅师又请他站在镜子前面，再问他看到了什么。富翁不解地回答说："看到我自己。"

禅师说："窗子是玻璃做的，镜子也是玻璃做的。透过窗子可以看到他人，而镜子因为涂抹了一层水银，所以对着镜子只能看见自己。当你慢慢擦拭掉身上的那层水银，可以看到别人时，你就会拥有快乐了。"

打开自己的心灵之门，就能透过窗子看到外面的世界；否则，窗子就会变成镜子。对于企业来说，最重要的是应该用客户的视角重建公司的文化。

敬畏是态度，学习是行动，产品是落实，客户是根本——服务无止境！

客户是公司最宝贵的资源，也是公司越用越多的资源。一切努力都是为了客户，一家公司所有的东西都是客户给的：工资是客户发的，汽车是客户买的，房子是客户买的……这些都是客户带给我们的。因此，我们所做的一切努力就是要为客户创造价值。如果能够为客户创造价值，从客户那里得到的回报就会越来越多。

绝对不要在客户面前耍花招！你在客户面前耍花招，最终受到惩罚的必定是自己！也许你可以蒙混得了一时，但是你却蒙混不了一世。不管是内敛的人，还是激情的人，都需要真正用心地了解客户。

要想用心地了解客户，为客户创造价值，前提就是要了解客户的需求。每个人都要问问自己：你了解客户吗？你了解你应该了解的信息吗？你获取的信息准确吗？你了解的信息跟客户做过确认吗？这些在你的工作流程里有体现吗？你真正了解客户的需求吗？做企业，第一步是了解客户需求！

> **记住：**
>
> 客户是伙伴，只能用心，不能耍花招。要用心地了解客户需求！

108. 全心全意为客户服务

什么样的企业将在未来的竞争中胜出？答案是：持续拥有足够数量的忠诚客户的企业。

服务经济已经到来了，有形产品的价值部分正在不断减少，无形产品的价值部分正在不断增加。其实，人人都是服务员，行行都是服务业，环环都是服务链，你服务人数的多少决定了你成就的大小！

彼德·德鲁克说："企业唯一要解决的问题就是如何创造和留住客户。"如果企业能够不断地创造新客户，那么企业的生存自然不成问题；如果企业能不断地留住老客户，打造客户的忠诚度，营销成本能够不断地降低，盈利能力自然可以不断地提升，那么企业的发展也就不是问题！

服务就是帮助别人做事或者解决问题，服务就是与人打交道，服务就是不断地让客户满意。产品是生命，服务是寿命，服务是未来市场的利润，服务是树立品牌的捷径，服务是企业诚信的表现，服务是企业竞争优势的体现……这是服务的深层次价值。

如果能够做好服务，就能降低客户的流失率，增加客户的信赖感；如果能够做好服务，就能减少客户不确定的购买因素，增加客户重复购买的频率；如果能够做好服务，就能引发正面传播，减少负面传播；如果能够做好服务，还能扩大正面传播，增加客户的满意度和忠诚度。因此，在为客户提供服务时，就要克服自己的心理障碍：

（1）担心遭遇拒绝。只要你的服务是热心的、善意的，被拒绝又怎样呢？

（2）担心服务不好。学会说："我正在努力学习，做得不好的地方，请您原谅。"

（3）担心别人嘲笑。坚定自己的信念，成功才会属于你。

（4）感觉心里委屈。帮助别人就是帮助自己。

（5）厌恶服务对象。同是人，皆需爱，天同覆，地同载。（《弟子规》）

那么，如何为客户提供服务呢？要把握客户的五感心理需求：

第一，准确感。

准确感是指，客户希望在服务中获得准确的信息，时间越短越好。顾客的耐心是有限的，如果我们不能在有限的时间内提供准确的服务，客户的准确感就不会得到满足，进而产生焦虑的情绪。

第二，尊重感。

顾客都爱面子，这也体现了顾客对尊重感的需求。如果不能在销售或服务中给顾客尊重感，最终可能会无功而返。

第三，多得感。

在购买和服务的过程中，客户总是希望付出同样的代价而获得比别人更多的利益，所以应该注重个性化的服务。

第四，舒适感。

舒适感是指，让顾客在心理上感觉到愉悦、放松。

第五，安全感。

安全感也是客户的心理需求之一，应该让客户感受到产品的安全感。

记住：

　　在生命中，跟你打交道的人都是你的客户！

---

109. 服务客户就要超越客户的期望值

随时随地想着客户的需求，随时随地关注客户的需求，随时随地满足客户的需求。

优质的服务需要具备八大心态与技能：

（1）热情源于热爱。

卡耐基说："岁月使你的皮肤起皱，但是失去了热情，就损伤了灵魂。"要想做到热爱，必须先清除心灵的蜘蛛网。心灵上的蜘蛛网是由消极的心态编织而成的，或大或小，或强或弱，都会让我们的工作没有激情、没有状态、没有热爱。

工作不分高低贵贱，服务他人是一种幸福，是一种价值，是一种成功！热爱产品，热爱公司，热爱客户，热爱工作！把焦点放在每天的收获上，热情就会从内心的感觉中表现出来。

孔杰是一名态度端正且具有工作热情的送水工。从 2007 年到现在，他也遭遇过客户的抱怨，也因为工作失误而受到过处罚，但他始终保持工作的热情。很多客户都喜欢和孔杰交流，跟他订水都很开心。2012～2013 年，孔杰连续两年获得了公司"先进工作者"的荣誉。

孔杰在自己的工作岗位上，每天平均送水 40 桶，每桶 18.9 升，6 年来，按照每年 240 个工作日来计算，他送水的总量达到 57600 桶，110 万升，接近国家游泳馆"水立方"的蓄水量。

有人面对工作，会说："烦透了！"可是，孔杰总会说："什么工作都要有人干，开心也是一天，不开心也是一天，为什么不能开开心心地过每一天呢？"

记住：有"热心"是服务的秘诀！

（2）快乐源于价值。

孔子说："知之者不如好知者，好知者不如乐知者。"知道事情怎么做的人，不见得能把事情做好；只有喜欢做这件事情的人，才能把事情做好。但是，知道怎么做又喜欢做的人也不一定能把事情做好。

只有快乐地去做一件事情时，才能把事情做好。只有享受为他人服务的过程，积极创造自我价值，才能真正把服务做好。这是一种快乐，是一种状态，更是一种心态。

记住：把快乐的感觉传递给客户，才能创造出满意的客户。

（3）诚信是成功的基石。

诚信是企业的立身之本，是员工的品德，更是赢得忠诚客户的根基。

信用既是无形的力量，又是有形的财富，还是连接友谊的纽带，只有做到诚实守信，才能获得客户的认可和尊敬。马云说过：一个创业者最重要的、最大的财富，就是你的诚信！

（4）尊重是服务客户的秘诀。

很多企业比较短视，在产品销售出去之前对顾客尊敬有加，可一旦产品销售出去，就对客户冷淡起来，这样的态度是不可取的。只有尊重客户，才能为客户提供最好的服务！

（5）责任是顾客满意的起点。

在服务过程中出现问题时，要主动承担责任，而不是推卸责任；要向客户道歉，感谢客户提出来，然后立刻帮助客户解决。

（6）超强的服务意识。

何为超强的服务意识，比较下面三个服务生有什么不同，你就会知道答案了。

客户：请问您这儿有地图吗？

甲：不好意思，我们这里没有。

乙：我们这没有，那边的旅行社应该有。

丙：您稍等，我帮您找一下，不知道您要去哪里，我可以告诉您怎么走。

（7）自信才能让客户相信。

只有相信自己，客户才会相信你，比如对自身服务价值的自信、对产品的自信、用声音传达自信、用专业显示自信、用冷静彰显自信、用肢体语言表现自信等。

（8）感恩客户。

如何来感恩客户呢？不仅要发自内心地感恩客户，还要给客户写感谢信，更要在服务的过程中不断地致谢！记住，服务的黄金法则是：你期望别人怎样对待你，你就怎样对待别人！

记住：

服务的结果是客观的，服务的过程是主观的！为服务过程中客户的满意而努力！

---

110. 永远超越领导的期望值

职场成功有秘诀，那就是给你的领导"惊喜"。

很多员工都把领导放在与自己相对的位置上，将工作和酬劳算得一清二楚、明明白白，不愿意多付出一丝努力，不愿意多承担一点责任，做一天和尚撞一天钟，从来不会给领导来一点"惊喜"。

一天，佛堂里的一块大理石地面对佛像说："我们原本来自同一块石头，可现在我躺在这里，灰头土脸，受万人踩踏；而你却站在那里，高高在上，受万人膜拜，世道为什么如此不公平呢？"

佛像说："是的，我们来自深山的同一块石头，但我经过几个石匠数年的打磨才站在了这里。而你只接受了简单的加工，所以你就只能铺在地上给人垫脚啊。"

虽然是石头，可一旦被雕成佛像，话里话外就充满了禅机。生活中，我们这些凡夫俗子谁又比谁差呢？可命运之神就是要把我们分成坐车的、赶车的、造车的、修车的。一起报到、一同实习的人，几年后注定要分化：有的会成为在小气候里呼风唤雨的人，有的会成为某方面的专家、精英，他们真的比别人强吗？不尽然！

成功固然需要能力、需要投入，但很多时候也需要来点"狗屎运"之类的东西。在企业里，能给你分发幸运的人就是你的领导。领导分发幸运的标准有很多，但只要超越领导对你的期望，就没有必要再去一一研究他的标准。

如果总能让领导领略到喜出望外的感觉，他就会对我们建立起更高的信任与依赖，产生赏识，从而在有限的资源分配中向我们倾斜。那么，怎么做才能超越领导对我们的期望呢？下面，我们就从领导对下属有哪些期望入手进行分析。

（1）准时完成各项工作。

准时完成各项工作是领导对下属最基本的期望。再没有比工作拖拉，延误公司大的行动更让领导恼火的了。所以，一旦接受任务，就要全力以赴，保证目标实现。在条件可能的情况下，要尽量提前完成任务，提前提交工作成果。

（2）熟悉自己的工作职责。

能自主地开展工作，是领导对下属最重要的期望。成熟的下属通常都会做好自己领域里的各项工作，不让领导操心，领导能够专心地享受指挥的乐趣。但只有这样还是不够的，下属还要主动地去开拓自己的工作，找事情做，从而实现对工作的自我管理。

```
记住：
    与领导合作，而不是对着干！
```

111. 让上司做选择题，而不是问答题

有问题请教领导，应该带着问题和答案一起去。

在企业里工作，下属总会遇到一些问题需要向上司请示，并希望得到回复。工作请示看似简单，实际上却并非如此！很多下属在做工作请示的时候，存在一些"硬伤"。例如：

领导，这个月价格促销的效果不明显，您看咱们是不是加大些力度？

领导，我们部门想搞个激励活动刺激一下销售，您看能否给我们一些预算？

领导，感觉最近员工的士气总是不高，您能不能给我些建议？

领导，刚才接到客户投诉，他们认为所投放的广告没效果，要求咱们退款，您看该怎么办？

……

作为下属，在工作中发现问题或遇到麻烦，跑去向上司请示汇报，并得到上司的指导，是一件再正常不过的事情。但是，对上面的请示模式稍加分析就会发现，下属在请示工作的时候，实际上是把一个复杂的、难解的"问答题"抛给了上司，要上司来破解这些"工作谜题"。

如果下属的请示所抛出的问题是"问答题"，大概有着三个假设：

（1）上司非常清闲，有着非常充足的时间和精力。

（2）上司已经掌握了解决这个"问答题"所必需的足够多的信息或数据。

（3）上司对"问答题"背后的细节、复杂的关系以及来龙去脉都了如指掌，非常清楚。

只有在这些假设前提下，下属抛出"问答题"才能得到快速、正确的批复。可是实际上，上司通常并不知道"问答题"背后发生过什么，隐藏着怎样的关系；他们也根本不具备进行正确批示所必需的完整、准确的数据和

信息。

最大的问题还在于，上司的时间宝贵，根本不可能有足够的时间去收集信息和资料，然后再经过分析、判断，做出正确批复。尽管上司在经验和判断力上具有很强的指导性，但是某些专业的问题，例如设备采购、财务核算等，其解决的过程更为复杂和烦琐，上司没有充足的时间做出正确的批复。因此，下属的工作请示，不应抛"问答题"给上司；应当用"选择题"的方式请示工作。

所谓"选择题"就是，面对问题或状况，下属先要调动自己的经验和智慧，预先提出各种应对或解决方案，像"选择题"那样列出解决选项供上司判断和选择；上司也只需在某个解决选项上打钩即可。对于上司而言，原本复杂的"问答题"已经变成了简单的"选择题"。

下属有责任和义务在请示工作的时候提交"选择题"。因为反映问题的下属才是问题的直接当事人，掌握着最全面的信息和资料，最了解整个事件的来龙去脉，加之有着自己的利益需求，所以有可能、有必要也应当有能力提出备选的解决方案。此时，上司所要做的，也只是根据自己的经验、知识，对列选的解决方案进行分析，并做出方向性的判断而已。

对于下属而言，把"问答题"抛给上司是不明智的做法，甚至会让上司做出错误的判断或决定。所以，要把所请示的问题由"问答题"改为"选择题"，以便让上司用打钩的方式做出判断，从而提高决策和执行的效率。

记住：

在职场上，让领导做"选择题"，不但可以提高自己解决问题的能力，还能增加领导的工作效率！

112. 你只要不是企业的资产就是企业的负债

一个企业的竞争力大小在于一个企业的员工是增值的资产还是贬值的负债。

员工是企业的重要资源，然而员工又分为两种：一种是资产型员工，另一种是负债型员工。

所谓资产是指，未来能够给企业带来经济利益的资源。从企业的角度看资产，"资"指的是资本，包括个人投入的资本和企业投入的资本；"产"指的是产出、业绩、利润和成长。个人投入的资本包括身体、学历、专业工作能力、品德、经验和时间；企业投入的资本包括岗位平台、培养成本。

例如，新员工入职后三个月的试用期，企业有没有产生培养成本呢？有！企业不仅投入了培训成本、领导精力、时间成本等，还投入了工作中所需的工具、办公成本，更提供了工资和各种福利。

正面的资本投入产生正面的效果，负面的资本投入产生负面的效果。员工的价值产出包括业绩、成果、成长和损失。然而，资产型员工是无债务的，什么意思？他有才有德，有增值有奉献。什么叫负债型员工？无德无才的人，有负面信息、负面行为、负面思想等，对企业有负面作用。"债"指的是公司投入大，个人产出价值少。

资产型员工是拥有一定能力和技术的人才，能够不断地给企业创造价值，需要企业这个平台来实现成就和创造价值。比如，在工作中，安排他做这项工作，他不但可以做好，而且还能够创造性地做好。这样的员工，企业应千方百计地让他"增值"。相反，总是对企业提意见、找问题，总是抱怨的员工就是负债型员工，是企业的负资产，需要对他们进行调整和改造。如果没有办法改善，就应解聘掉。

为什么要做一名资产型员工呢？

（1）职场生存的需要——提高个人的职场生存力。

（2）物质生存的需要——每天的衣食住行和养家糊口。

（3）自我实现的需要——提升自我的社会价值。

（4）成为一个优秀的人，获得完美的人生。

记住：

有德有才方为企业的资产型员工！

113. 共赢思维

你的人生结果的输赢取决于你的选择。

有一天，一个人请教上帝："地狱和天堂有什么不同？"

上帝带着他来到地狱，他看到，一群人围着一锅肉汤，他们手里都拿着一把长长的汤勺，因为手柄太长，谁也无法把肉汤送到自己嘴里，每个人的脸上都充满绝望和悲苦。上帝说："这里就是地狱。"

接着，上帝又带着他来到天堂。这里的摆设和刚才的房间没有什么不同，唯一不同的是，人们都把汤舀给坐在对面的人喝。他们都吃得很香，很满足。上帝说："这里就是天堂。"

通过这个故事我们可以发现，合作才能共赢！

你知道吗？人际关系和商业合作都有五种选择：

（1）赢。以自我为中心，只顾及自己的利益，不关心对方是赢还是输。即使双方是相互依赖的关系，对对方的利益也漠不关心。

（2）赢/输。追求自身利益，且把自己的成功建立在对方失败的基础上，会运用一切资源和手段达到目的，甚至为达目的不择手段。

（3）输/输。以损伤对方为目的，不顾及自己的输赢，因此可能损人不利己、害人害己。

（4）输/赢。自己输而让别人赢。有两种情况：一是出于各种考虑，自己心甘情愿；二是并非心甘情愿，而是迫于双方力量对比悬殊，只好忍让、顺从、屈从。

（5）赢/赢。寻求自己的利益，主动考虑并照顾对方的利益，以互利为双方关系的基础，实现双赢。

共赢是双赢的扩展，其最显著的特点是，不仅要实现相互交往的双方互利（共赢），更重要的是不以牺牲第三者（个体、整体、环境）的利益为代价。

追求共赢的前提是，清楚地认识到共赢的好处，并坚信：只要在一定的客观条件下，通过主观努力并采取恰当的途径，就一定能够实现共赢。

追求共赢，必须树立共赢的意愿，在寻求自己利益的同时，主动考虑别人的利益，以互利、互信、互赖、合作代替独立竞争。

通过上面的学习，每个人都应该立刻做的事情是：

（1）彻底检讨自己的观念，比如，"非输即赢"的思想是否已经牢不可破？为什么会这样？对目前的人际关系有什么影响？对个人是否有什么益处？

（2）对深处困境仍不忘利人利己的人，要多加亲近并加以效仿。

（3）成为拥有共赢思维模式的人，拿到更多的共赢结果。

> 记住：
>
> 　共赢不是技巧，而是一种思维模式！

114. 管理者是企业的第一教练

管理者的使命是帮助员工成长和进步，使用教练四步法是最有效的方法。

企业教练衍生于体育，是将体育教练的方法与技术应用到企业管理实践而产生的一种全新的管理方法、技术和顾问流派。在目前的管理中，我们发现随着环境变化的加快，竞争压力的加大，客户个性化要求的提高，传统的管理方法在很多管理领域已经越来越不适用，越来越难以有效地实现经营目标。

国际权威机构欧洲公众人事管理调查结果显示：企业教练能够将企业业绩提升 30% 以上，培训和教练技术相结合可以使企业绩效提高 88%。美国调查发现，在所有实行"教练"制度的公司中，有 77% 的公司认为，采取有系统的教练能够降低员工的流失率并改善员工的整体表现。企业教练已在欧美企业界广泛运用，美孚石油公司、IBM 公司、宝洁公司、爱立信、英国航空公司、柯达公司等多家国际著名企业都在内部推行教练文化。

要学会教练技术中的四个步骤："厘清目标"、"反映真相"、"迁善心态"、"行动计划"。

（1）厘清目标。

为什么是"厘清目标"而不是"理清目标"呢？

"厘清"的目的是，在对方对目标认知模糊的情况下，让对方更加清楚自己当下的位置和自己距离目标到底还有多远，要走几步才能达成，还要付出多少代价以及什么样的代价？

（2）反映真相。

这就是教练的"镜子"作用。镜子不会教你怎样穿衣打扮，但会让你看到自己打扮成什么样子。

（3）迁善心态。

教练技术管不到你的具体工作内容，只能负责你的心态调整。发生什么事情并不重要，重要的是你面对它的态度。教练就像催化剂，可以帮你调整心态，实现目标。

（4）行动计划。

当你在镜子里看到自己的打扮和自己的目标不同时，你自然会做出相应的调整。教练会帮你制订切实可行的计划，让你挑战自我，挖掘潜能。

记住：

教练技术中的四个步骤："厘清目标"、"反映真相"、"迁善心态"、"行动计划"！

---

115. 做一个高情商的人，才会有贵人相助

80％的情商＋15％的智商＋5％的逆商（逆向思维能力）＝成功人士。

关于智商，近几年来，心理学界提出了一个比较新的观点：对于一个人的成功来说，智商的影响只占20％，而情商的因素则占80％，情商比智商更重要！

所谓情商指的是人的情绪、情感发展水平的一种指标，也就是一个人感受、理解、控制、运用、表达自己和他人情感的能力。情商包括以下几方面的内容：认识自身的情绪，能妥善管理自己的情绪，懂得自我激励，能认知他人的情绪，具有领导和管理能力。

情商是一种驾驭自己的能力，包括驾驭自己的情绪、驾驭自己的思想、驾驭自己的意志。同时，情商也是一种协调人际关系的能力。

情商还是一种人格状态或品质，是上述能力与智慧的综合体现和实现，因此，衡量情商的高低，要从多方面、多角度来进行。

衡量情商有如下十大方针、法则。

（1）三不：不批评、不指责、不抱怨。

（2）三情：激情、热情、感情。

（3）二容：包容、宽容。为多大的事情计较，心胸就有多大。

（4）善于沟通、交流：要以坦诚的心态对待他人，要开诚布公。

（5）多赞美别人：赞美是要发自内心的，而不是奉承他人，要经常对下属说"你很棒"！

（6）每天保持一个好心情：养成照镜子的习惯，每天早上对着镜子大声说三遍"我是最棒的，我是最好的，大家都很喜欢我"！

（7）会聆听：很多人不喜欢听别人说话，喜欢自己说。必须养成"少说、多听、多看、多做"的好习惯。

（8）负责任：敢于承担责任，不要推卸责任。遇到问题，不要给自己找

借口，要正视问题、分析问题、解决问题，这才是管理之道。

（9）行动力：每天多做一点，每天多帮助别人一点，以后的生活和工作中就会少一点烦恼、少一点痛楚！

（10）善于记住别人的名字：只要你用心去做，没有做不到的事情。世上无事不可为！

记住：

　　智商很高情商也很高的人，春风得意；智商不高情商很高的人，会有贵人相助；智商高而情商不高的人，怀才不遇；智商不高情商也不高的人，一事无成！

---

116. 做生意就是做顾客见证

做生意就是做销售，销售就是讲故事，问题是你是否有故事可以讲。

成功的生意有三个秘诀：第一是做顾客见证，最好是名人见证；第二就是做顾客见证，最好是名人见证；第三还是做顾客见证，最好是名人见证。所有生意好的公司都离不开这一点。那么，什么是顾客见证呢？

顾客见证又称作客户见证，是企业或商家的客户对本企业或商家的认知，对其产品或商品的售前服务和售后服务的客观评价。热情的顾客是帮助企业或商家销售产品和服务的最佳推销员，因此，可以使用以下五个实用且强大的方法去建立和分享顾客的见证。

（1）建立坚实的基础。

做好前期准备，从销售周期开始直到结束，选择正确的人选建立成功个案。

让顾客保持愉悦并向他们提出正确的问题，然后仔细倾听，发现其中的关键需求。

根据需求提出解决方案，再跟进每一个细节。在刚开始销售时，问他们："你知道我们的目的是什么吗？"顾客通常会回答："是的，就是想卖些东西给我。"这时你应该回答："只是给你提供一个不错的参考选择。"

只有让他们知道你的业务是建立在成功满足顾客需求基础之上的，才能获得长远发展。

（2）将反馈可视化。

顾客购买时，一定要为顾客拍照片。买完以后，顾客使用产品后的表现效果是怎样的，再次拍照片。这看起来似乎很俗气，但是当你把这些照片用于推销时，却会发挥出"病毒式"的感染力。

当顾客对产品的任何部分产生质疑时，你都可以翻出这些照片，然后为其讲述一个背后的故事。如此，不仅会赢得新顾客的信任，而且能够帮助自已完成很多交易。

（3）制作视频或音频备份。

有些电视购物公司会让顾客在电视上通过电话分享他们的购物热情，之后可以看到其销售额明显增长。这就是顾客声音的力量！

你也应在以后的销售中好好运用视频或音频。让顾客分享：为什么购买我们的产品？此前都看过哪些公司的产品？选择我们的产品后，给自己带来哪些好处？再遇到有类似需求的顾客，当他们砍价或对售后服务有疑问时，可以播放这些视频或音频给他们，逐渐打消他们的顾虑。

（4）让客户做转介绍。

如何让客户为你做转介绍呢？

第一步，确认产品对客户的好处，取得好感。

例，请问我提供的这个产品是否对你真的有一些帮助？

我看××，你也是一个非常乐于助人的人，而也很愿意将这么好的产品或服务提供给像您这样有品位的优秀的人。

第二步，没有购买的客户让他帮你介绍 1~2 位新客户，已经购买的客户让他帮你介绍的 2~3 位新客户。

第三步，锁定范围，你可以问客户："你看，在你的朋友当中，有谁比较适合我们这个产品。可否介绍 1~2 位这样的朋友，让我有机会为他提供服务。"

第四步，提前准备好小卡片和笔，让客户把他推荐的客人的名字和电话写在上面，还要问客户究竟在哪里可以找到他。

第五步，一定要问客户：为什么会觉得他比较适合？

第六步，要求客户打电话联系这个新客户，如果他不愿意联络，可以问问客户，在拜访时能否提他的名字。并且要告诉他："经过您的推荐，我一定会跟他联络，并且为他提供最好的服务。"

如果你能做到这些，你就可以赢得更多客户的信任，增加销售额，生意也就可以越做越大了。

记住：

　　朋友会跟朋友买，让顾客成为朋友，让朋友为你介绍生意，为你做见证，才是成功的生意！

117. 绝对的真诚是人际交往的秘诀

真诚，就是用事实说话，它胜于雄辩和狡诈。

真诚与诚实、诚信是兄弟，真诚与真挚、真切、诚恳为伴！

所谓真诚就是，用事实说话，胜于雄辩和狡诈。真诚的人，内心定然是纯净无染的，他们不虚伪、率真自然；心怀坦荡，正直无私。因此，真诚的心就像阳光雨露，能温暖人心、净化心灵。

真诚的人，是豁达的；真诚的人，是健康的；真诚的人，是潇洒的；真诚的人，是出类拔萃的；真诚的人，是超凡脱俗的。一个真诚的人，有时候可能会做出某种傻事，甚至蠢事，但他绝不会做出对不起良心的事。

缺乏真诚的人，定然会一无所有！缺乏真诚的人，精神是空虚的，人生是苍白的，内心永远不可能坦然处之，心灵的魔咒永远挥之不去，只能把自己推入更加无法回头的深渊。

对客户真诚，客户就会购买你的产品；对老板真诚，老板就会更加信任你；对同事真诚，同事就会乐于帮助你；对朋友真诚，你就会有更多的朋友。只有做到绝对真诚，才能最终赢得良好的人脉和璀璨的人生！

记住：

    缺乏真诚的人，将一无所有！

118. 上善若水，大道无形

上善若水，从善如流。

生活中，一口水能解干渴；酷热时，一口水能帮你解暑；严寒时，一杯水能给你温暖；冲动时，一口水能帮你静心……水的行为是世界上最能收放自如的，想快则快，想慢则慢，有时独来独往，有时万马奔腾。做人像水一样保持清醒的头脑，懂得取舍进退，善辨是非对错，则是上善若水的另一层意思。

做人如水，你低，我便涌来，决不暴露你的缺陷。

做人如水，你动，我便随行，决不撇下你的孤单。

做人如水，你静，我便长守，决不打扰你的安宁。

做人如水，你冷，我便凝固，决不漠视你的寒冷。

做人如水，你热，我便沸腾，决不妨碍你的热情。

老子说："上善若水。水善利万物而不争，处众人之所恶，故几于道。居善地，心善渊，与善仁，言善信，政善治，事善能，动善时。夫唯不争，故无尤。"这句话，既弘扬了水的精神，也道出了一种处世哲学：做人应该像水一样，要有极大的可塑性。

古人云："海纳百川，有容乃大；壁立千仞，无欲则刚。"一旦能做到虚怀若谷，便能汇集百河而成为汪洋；如能做到无欲无争，便能如峭壁一般，屹立云霄。

宇宙虽然大，但是由道所生。如果没有道，则天地、星辰等也就没有了。道是什么？道是无形无相的，有一种生生不息、变化无穷的作用。如果你能在职场上放低身段，低调行事，保持谦卑、不争不抢、不卑不亢、上善若水的心态，再拥有"卧薪尝胆"的气度，就一定会获得"大道无形"的力量！

> 记住：
>
> 大道无形，生育天地！

119. 世界之大，诱惑之多，一生只需坚持做好一件事

清晰自己的特长，做好自己的定位，专注一个领域，做好一件事情。

在深圳这个信息高速传播、各种商业机会迅速爆发的城市，赚钱的机会很多，诱惑也不少。很多人不清晰自己的定位，今天觉得这个好就做这个，明天觉得那个生意赚钱就做那个，最终 10 年过去了，20 年过去了……回头看时才忽然发觉，自己穷尽半生的时间都在跳槽、改行、换工作、换职业、换行业，没有专心、专注地做成过任何一件事情，荒废了时间，亏了金钱！

全国著名的推销大师，即将告别自己的推销生涯，应行业协会和社会各界的邀请，在该城中最大的体育馆，做了一次告别职业生涯的演说。

那天，会场座无虚席，人们在热切地、焦急地等待着。大幕徐徐拉开，舞台正中央出现了一个吊着的大铁球。在人们热烈的掌声中，一位老人走了出来，站在铁球的一边。人们惊奇地望着他，不知道他会做出什么举动。这时，两位工作人员抬着一个大铁锤，放在老人面前。主持人对观众讲："请两位身体强壮的人到台上来。"两名动作快的年轻人跑到台上。

老人和他们讲述了规则，请他们用大铁锤敲打那个吊着的铁球，直到把它荡起来。一个年轻人抢着拿起铁锤，拉开架势，全力向铁球砸去，一声震耳的声音响起，可是铁球动也没动。他不断地砸向铁球，很快就气喘吁吁了。另一个人也不示弱，用铁锤把铁球打得叮当响，可是铁球仍旧一动不动。台下逐渐没了呐喊声，等着老人做出解释。

老人从上衣口袋里掏出一个小锤，对着铁球"咚"的一声敲了一下，停顿一下，再敲一下，再停一下……十分钟过去了，二十分钟过去了，会场开始骚动，可是铁球依然一动不动。人们用各种声音和动作发泄着自己的不满，可是老人仍然敲一下停一下地工作着，好像根本没有听见人们在喊叫什么。有的人索性离开，会场上出现了大片的空座。留下来的人似乎也喊累了，会场渐渐地安静下来。

大概在老人进行到四十分钟的时候，坐在前面的一个妇女突然尖叫一声："球动了！"人们聚精会神地看着那个铁球。不错，铁球确实以很小的幅度动了起来，不仔细看是很难察觉的。接着，铁球在老人的锤打下越荡越高，巨大的威力强烈地震撼着在场的每一个人。终于，场上爆发出阵阵热烈的掌声。

在掌声中，老人转过身来，慢慢地把那把小锤揣进兜里。老人说："在成功的道路上，你如果没有耐心去等待成功的到来，那么只好用一生的耐心去面对失败。"

人这一辈子，能做好一件事情就很不简单了；如果不坚持，往往连一件事情都做不好。

有些人不是容易厌倦，而是容易退缩。找工作的时候，别人一说负面的话，他就觉得自己不行了，想要放弃。自己都觉得自己不行，别人怎么会觉得你行？等有了工作，老板一批评，自己就放弃，觉得自己不是那块料；自己提出的建议没有得到领导的正面回复，就放弃了；对公司的薪酬不满意，还没沟通就放弃了，不是发牢骚就是辞职不干……

无论做什么事情，要想成功，都需要坚持。很多事情，只要坚持下来，就成功了。人生就像一场长跑，没有人可以一直跑下去，总会停下来，只要你比大多数人坚持得更久，跑得更远就成功了。所以，一旦开始跑，就不要轻易放弃，如果想取得更大的成功，就要坚持更久！

记住：
想成功一定做自己喜欢的、热爱的事情！

120. 创新可以创造奇迹

敢于打破常规，追求突破，追求创新。

很多企业创新力不强的主要原因是：第一，研发经费不足，没有足够的资金，难以支持企业的创新力取得大的发展；第二，缺乏创新意识，经营管理中，随波逐流的现象较为普遍，存在短期利益驱动倾向，助长了企业的投机行为；第三，缺乏创新型人才；第四，技术创新能力较弱，企业技术设备落后。

一次，笔者去朋友的公司办事。在他的公司和家里，使用的都是宜家家具。他还极力地向笔者推荐这个品牌，于是笔者决定去研究一下宜家。

宜家的确很奇葩！一个传统企业，在电商这个 12 级海啸的大浪里，竟然一直独善其身，业绩非凡。其实，宜家的创新能力就是其重要的秘诀之一：宜家的产品，绝对是大师级设计，屌丝级价格。宜家每个区间都有爆款产品，比如，宜家米克书桌的售价仅为 999 元。宜家的配件之类的产品虽然比较贵，但给用户的整体感觉是性价比很高。

宜家的口碑不只来自营销，更来自用户体验的创新和引领。比如，过去中国人都是买几百元的床垫，用好几年。宜家会告诉你，要选一个好床垫，而它的床垫一般都是好几千元的。

宜家很注意抓痛点，比如，通过对七个城市的走访，宜家发现，被访者在早晨一般都比较匆忙。从起床到出门，93% 的人平均耗时在 1 小时以内；上海受访者的平均时间只有 40 分钟。针对这一习惯，宜家中国便推出了在衣柜外侧可挂衣架的配件新品。

宜家今天的市场业绩给笔者带来了深切的感触："创新可以创造奇迹！"在企业里，最受欢迎的永远是那些能够提出新思想、有创新能力的员工。创新是一个企业的灵魂，也是一个员工取得核心竞争地位的重要因素；只有运用创新思维，才能打造出奇迹人生，实现此生的价值。

任何人都不是天生的发明家，很多新科技的发现都是源于一些普通人的突发奇想。我们都是发明家，因为我们都有一个不断创新的头脑！

记住：

　　我们每个人都有不断创新的头脑！

121. 你的形象价值百万

形象是个人成功和企业成功的重要游戏规则。

（1）如果你是企业的领导者——你和职员的形象就是公司的广告牌！

不能展示高度职业化的形象，就等于向客户宣告："我们不能满足你们的质量和服务要求。我们没有高度的职业素质，我们不在乎你们的满意度，我们的产品和服务都不可靠，你们可以付低价。"糟糕的领导和员工形象会严重损害、破坏公司的形象。

调查显示，如果总裁和员工能够保持杰出的形象，客户就会愿意为这些优秀的员工形象付出更高的价格！如果企业领导不能提高自己和职员的外在形象及职业素质，就不能创造有利于企业发展的文化，员工就不会提高自身职业化的形象，也不会把企业寻求卓越的精神传递给客户。

（2）如果从事销售、法律、银行、保险等行业——人们愿意从喜欢的人手中买东西。

成功的推销员，几乎都是优秀的人际社交家。他们是天生的心理学家，明白一个道理：人们愿意从他们喜爱的人手中购买商品，无论这个商品是有形的还是无形的。他们会通过自身形象的魅力，让客户不拒绝他，然后再喜欢他，最终购买产品。

美国商务形象设计师莫利先生曾被美国《财富》500 强中的 300 强公司聘请，去培训指导他们的总裁和销售人员，因为这些公司的决策人认为，高级管理人员的衣着，从里到外都影响着其在公司的表现。商业经验也使他们认识到，穿着好的销售人员，比穿着不注意的销售人员成绩突出。个人形象是销售人员在营销过程中，对于公司产品和个人可信度最有力的说明书！

（3）如果你渴望升迁、需要寻找工作——优秀的形象比你的文凭更重要。

人们总是相信，工作效率、能力、可靠性和勤奋工作是让他们有机会提升的重要条件。但并不是仅有这些条件，你就能在工作中被提升。忽略了对整体形象的塑造，你将既得不到上司的注意，也得不到同事的承认。

那么，成功形象的秘密是什么呢？只有展示出一个与期待的职位相符的形象，展现出一个可信的、有潜力的、值得信任的形象，才能有更大的发展空间，上司和同事才能相信你适合更高的位置。即使大家认为从外表衡量人是一种很肤浅和愚蠢的表现，但所有人都会根据你的服饰、发型、手势、声调、语言等对你做出判断。

（4）形象到底是什么？

形象，并不是一个简单的穿衣、外表、长相、发型、化妆的组合概念，而是一个综合的全面素质，一个外在与内在结合的、在流动中留下的印象。

形象的内容宽广而丰富，包括穿着、言行、举止、修养、生活方式、知识层次、家庭出身、居住地点、开什么车、和什么人交朋友等。它们在清楚地为你下着定义，无声而准确地在讲述你的故事——你是谁、你的社会位置、你如何生活、你是否有发展前途……

成功的外在形象可以为你事业的成功推波助澜，也可以破坏或阻挡你事业的顺利发展！形象是事业成功的一个重要的游戏规则！

> **记住：**
>
> 任何与人打交道的职业都应该注重形象！

122. 人类的智慧每天都在身边发生

人类的智慧每天都在身边发生，问题是人们都不太善于去发现和总结它。

这里有一个苏联时期的故事：

一天夜里，一个老实得有些木讷的中年油漆匠发现，一个天使在敲他家的窗户。他感到很震惊，但依然打开了窗户。天使说："不好意思！"之后，便收起翅膀，顺着窗户钻了进来。

天使一屁股坐到沙发上，并从翅膀下掏出一个小瓶子，摆在面前的茶几上。他对油漆匠招手说："亲爱的朋友，你不必惊慌。我今天要告诉你一个改变你人生的好消息！"油漆匠看到天使并没有恶意，就走了过来，坐在他的对面，开始了交谈。

天使开始自我介绍，他说："我是上帝的手下，是专门掌管人类智慧的神。在你即将来到人间的时候，我犯了个错误，给你分配的智慧少了很多。今天，我发现了自己的疏忽，特意来弥补自己的过错！我给你带来了许多智慧，就放在面前的玻璃瓶里。只要你同意，马上就可以给你装入大脑。这样，以后你就是世界上绝顶聪明的人了，你的人生也会出现相当大的改观！"

油漆匠听罢，有些愤怒："什么？就因为你的一时疏忽，害得我碌碌无为地刷了半辈子房子！让我经常遭到聪明人的嘲笑！让我的半生都在为自己的愚蠢而苦恼！"天使有些不好意思了，说："对不起！所以我决定要偷偷补偿你。我背着上帝，从别人的智慧里又给你偷了许多，从现在开始，你将变成世上罕见的、绝顶聪明的人！"

油漆匠开心死了，说："这还差不多！还等什么？快给我装啊！"天使拿起瓶子，走到油漆匠的面前说："我得掀开你的大脑，但不会很痛。"一听要掀开自己的大脑，油漆匠有了一丝的犹豫，问："变聪明后，我都会得到什么好处？我想先知道一些，好有个心理准备。"天使站在他的身旁，神圣地说道："一旦装上这些智慧，你就会成为这个世界的先知，几百年后，你将是全世界受人膜拜的圣人!"

还没有得到智慧的油漆匠只是个庸才,他并不关心什么圣人、先知,所以又问道:"现在,我会有什么实实在在的好处啊?比如,当官发财什么的。"天使叹了口气,回答:"官运财富之类的工作由掌管良心的天使负责,和我们的智慧并没有多大的关联!"

油漆匠一听,傻了,说道:"那你仔细讲讲,我装完智慧的后半生会怎么样吧?"天使兴奋地说:"今后,你将在艺术上达到人类的顶峰!你将会用画笔取代刷子,你的作品将不朽于后世。虽然你的艺术已经超过世人的赏析水准,但在你死后你才会得到全世界的认可。你将成为我们苏联的梵高!在你活着的时候,别人认为你是个穷困潦倒的疯子;在你死后,人们会发现,你的艺术是全人类最宝贵的财富!"

听到这里,油漆工打了个寒战,颤声问:"还有吗?"天使说得更加激动:"当然还有!这么多的智慧只发挥在艺术上,岂不是埋没了?你还将是伟大的科学实验者!你将推翻爱因斯坦的相对论。但在目前的科学水平下,你的理论不会被立即接受。你将是别人眼中的疯子,但是时间将证明你的伟大!还有……"

就在天使还在滔滔不绝的时候,油漆匠已经把装着智慧的玻璃瓶摔在了地上!

故事结束了,笑中有泪!人总是排斥异己的思维,不会在意它的前卫与智慧!在它没有被广泛接受的时候,对的也是错的!当它随着社会的发展进步而被广泛采纳的时候,却已物是人非。每天都坚持真理,增长智慧,才能度过无悔的人生。

> **记住:**
> 坚持真理,错的永远是错的,对的到头来终究是对的!

123. 期望别人怎样对待你，就先怎样对待别人

对别人好，其实就是对自己好。

日本著名的经营之神——稻盛和夫的人生原则是：敬天爱人，自利利他！简单理解，"敬天"就是尊重规律，有敬畏之心；"爱人"就是以人为本，尊重万物之灵；"自利"就是对自己好；"利他"就是对别人好，但两者要有机结合。

真心对别人好，其实就是对自己好。如果你开了一家饭店，要想永远有生意，就要保证饭菜的质量好，发自内心地尊重客户的利益和感受。如果使用地沟油、死猪肉，一旦被顾客知道，你就会失去客户，甚至要付出法律的代价。以利他之心，才能走得更远！

一位单身女孩刚搬了家，她发现隔壁住了一户穷人家，一个寡妇与两个小孩子。有一天晚上，那一带忽然停了电，女孩只好自己点起了蜡烛。不久，忽然听到有人敲门。女孩打开门一看，原来是隔壁邻居的小孩。他紧张地问："阿姨，请问你家有蜡烛吗？"

女孩怀疑：难道他们家穷得连蜡烛都没有吗？千万别借给他们，免得日后他们什么都来借。于是，她对孩子吼道："没有！"可是，正当她准备关门时，小孩展开关爱的笑容说："我就知道你家一定没有！"说完，竟然从怀里拿出两根蜡烛，说："妈妈和我怕你一个人住，没有蜡烛，所以我带来了两根，送给你。"

女孩感动得热泪盈眶，将那小孩抱了起来。

人性的自私和贪婪只有在帮助他人的时候才能够泯灭。人是感性的动物，当你主动帮助别人时，自然就会获得别人的帮助！

> **记住：**
> 真心对别人好，其实就是对自己好。这一刻，你正站在起点上！

124. 人与人之间不要比果，而要比因

每个发生在你身上的结果，必定有一个或者多个原因。

很多人喜欢习惯性地比较结果，谁赚了多少钱，拥有什么样的房子、车子，在比较中自怨自艾，感叹别人好命好运。其实，人与人之间不用比较，真的要比，也不要比果，而要比因。多看看人家做对了什么？做到了什么？

成都有位企业老板，拥有几个亿的资产，很多人都说他运气好，是因为他打工的时候，老板看好他，后来又给他生意做，所以他渐渐发展了起来。笔者想：我怎么没有那么好的运气，没有老板给我那么好的生意？后来，笔者认识了这位企业老板之后才知道，他给之前的老板打了 10 年工，从修车的学徒工做起，凭借过硬的技术、踏实的精神以及全心全意地为老板着想的心态，得到了老板的赏识，这才是他后来成功的因素。

在宇宙的自然法则中，因果法则对于一个人的成功非常重要。因为，因果法则几乎可以解释所有发生在你身上的事情。简单地说，因果法则是指，每个发生在你生活中的结果，必定有一个或者多个原因。也就是说，如果你想了解生活中发生的事情，或者想对它有更进一步的了解，只要追究一下其中的原因即可。

爱默生说："因与果，手段与目的，种子与果实，都是不可分割的，因为果早就酝酿在因中，目的存在于手段之前，果实则包含在种子中。大自然法则是，从事工作，你将拥有权力，而不工作的人，将没有权力。"要想得到某样东西，一定要付出更多的努力，把与该事情相关的每一件事情都做好，你才能从该事情中得到丰厚的回报。

（1）一分耕耘，一分收获。

西班牙有句妇孺皆知的格言："你要什么便取什么，只是你要付出相当的代价！"每个东西都有它的价格，要想得到它，就要付出代价。如同到超市买东西一样，你可以随便挑选自己喜欢的商品，可是在出口处必须为此付

出金钱。成功的天平也是如此！

天平的一边放的是成功的硕果，另一边则放着为此付出的代价。或许有时候代价很大，可是你要记住，不管你的目标是什么，都需要付出相应的代价才能达到。在成功的字典里，没有"不劳而获"和"坐享其成"等词语。

（2）善有善报，恶有恶报。

中国有句古语叫"善有善报，恶有恶报"，这在很大程度上是因果定律的例证。比如，一个人做了件好事，赢得了别人的好感和感激，当其有困难时，自然就容易获得别人的帮助；相反，一个人做了件坏事，损害了别人的利益，别人很可能会对其心生恶意，说不准哪天会报复他；即使不报复，风水轮流转，其总有落难之时。

> **记住：**
> 　　要想得到某样东西，一定要付出更多的努力，因果法则是每个人命运的铁律！

125. 你所种的种子，创造了你周围的一切

一切都来源于种子。

你的梦想是什么？你想住更大的房子吗？你想拥有更多的财富吗？如果你还未娶或未嫁，那么你想找到称心的另一半吗？如果你已经结婚生子，你想感情稳定、婚姻幸福吗？你想要的一切真的有答案，那就是去践行种子定律！

你想要的一切结果，都来源于你种的种子。今天你生命中的一切结果都来源于你过去所种的种子。未来你想要的结果，则来源于你今天和日后所种的种子。

那么，怎么种种子呢？答案是，如果你想要一样东西，那么就把同样的东西给别人。例如，如果你想要拥有财富，想要赚很多钱，那么你该怎么办呢？

第一，要帮助别人拥有财富。帮助你的朋友赚钱，帮助你的公司赚钱，帮助你的同事提高业绩，帮助你的老板赚到更多的钱。

第二，要把你赚来的钱给出去，给那些非常需要钱的人，去帮助他们，让你的钱流动起来。

第三，将种种子的原理分享给别人，也是在种好种子。所有的种子都会无限地长大，你所种的种子会很快回报在你的身上。你帮助了别人，好的结果就一定会回来，而且会回来得更多。

别人种了好种子，你为他高兴，就会得到他所种的种子所带来的福报的10%，而他不会因为你为他高兴而失去那10%。比如，深圳都市频道曾经报道，某人因重病生命垂危而住进了医院，但是却没有钱医治，经过媒体报道后，有位陌生人送来了2万元钱，没有留下姓名就走了。患者和家人都非常感动，那么你要为这位陌生人的善良而高兴。当你为他高兴时，你会得到他所种的种子所带来的福报的10%，而他不会因为你为他高兴而失去那10%。

如果你种过坏种子，必须拔掉，因为它会阻碍好种子的成长。比如，如果一个人曾经做过第三者插足的事情，那这会导致他未来的婚姻不幸福。如何拔掉坏种子呢？只需要记住两条：第一，要给自己一个承诺，我不再做这样的事；第二，做一些相反的事情来补偿和平衡。

读到这里也许你会问："现在我知道如何拥有财富的种子的秘诀了，可是，要想找到另一半，要想让自己的婚姻更幸福，我该怎么做呢？"先要问问自己，你为什么需要另一半？答案是你一个人很孤独。那么，谁比你还孤独？答案是养老院里的老人、社区里的老人、福利院的儿童。定期去看望、慰问、关心他们，帮助他们做事，你的另一半就会出现在你的面前。如果你结婚了，带着孩子和爱人一起去养老院和孤儿院，你就会收获稳定、和谐、幸福的家庭。

记住：
    日行一善，去播种好的种子吧！不管你是否去执行种子定律，你人生的结果都是你所种的种子的结果！

126. 爱是一切的源泉

如果一个人不懂得"爱"，其动力就会很有限。

在你的内心深处，是否有一份深沉的大爱在支持着你所有的行为、思想和语言？

爱是一切力量的源泉，爱是一切行为的动力，爱是一切事物的原因！爱是一盏心灯，照亮别人的同时也温暖了自己，千万不要将它熄灭！人的灵魂只有接受了爱的浇灌，才能散发出人性的芬芳。

爱家庭，家庭才能和睦；爱同事，同事才能互助；爱企业，企业才能进步；爱客户，才能生产出负责任的产品；爱事业，事业才能更上一层楼；爱社会，社会才能和谐；爱人类，人类才能拥有和平，没有纷争。爱是一切的源泉，大爱无疆；爱永不止息。

> **记住：**
> 　　所有的言辞都无法表达出爱的含义与真谛。

后　记

　　一个人的行为需要信念的指引，离开了激励人们健康成长的信念，我们的躯体也会变得不完美！信念是一个人从心而发的一种思想，当我们消极低迷的时候，想起这些信念，必然会激发精神、积极前进！优秀人才一般都有着积极的信念，而将这些信念进行浓缩，就会形成千万条语录！

　　在本书中，介绍了笔者总结出来的 126 条定律，均是笔者亲身体验过的，或者自己从中受益了的！在你心情不好的时候，或者遇到问题的时候，都可以翻开读读，或许心灵就会豁然开朗！

　　我们即使不能成为金钱上的百万富翁，也要做一个心灵上的百万富翁！

　　我们即使不能成为生活上的强者，也要做一个心灵上的强者！

　　当你成为心灵的富有者时，一切皆有可能！

　　让我们成为心灵的富有者吧！